싱글족으로 살아가기

싱글 시대를 대비하라

싱글족으로 살아가기_ 싱글 시대를 대비하라

발행일   2022년 8월 31일

지은이   윤영호
펴낸이   손형국
펴낸곳   (주)북랩
편집인   선일영   편집   정두철, 배진용, 김현아, 박준, 장하영
디자인   이현수, 김민하, 김영주, 안유경, 신혜림   제작   박기성, 황동현, 구성우, 권태련
마케팅   김회란, 박진관
출판등록   2004. 12. 1(제2012-000051호)
주소   서울특별시 금천구 가산디지털 1로 168, 우림라이온스밸리 B동 B113~114호, C동 B101호
홈페이지   www.book.co.kr
전화번호   (02)2026-5777   팩스   (02)2026-5747

ISBN   979-11-6836-413-4 03190 (종이책)   979-11-6836-414-1 05190 (전자책)

고독력을 키우는 **싱글족 우울 극복** 가이드

싱글족으로 살아가기
싱글 시대를 대비하라

윤영호 지음

세상에서 가장 멋진 **홀로서기!**

북랩

목차

:

프롤로그

누구나 예비 독거인이다.
고독력을 키워 싱글 시대를 대비하라

믿기 싫겠지만, 우리 삶의 현실은 일생 원치 않는 치명적인 질병에 걸려서 불편함을 겪을 확률보다 독거인, 즉 싱글이 될 확률이 훨씬 더 높다. 시기가 정해져 있지 않은 것뿐이지 언젠가는 누구나 나 홀로 고독한 삶을 살아야만 하는 때가 반드시 온다. 그렇다면 앞서 말한 치명적인 질병을 대비해 보험을 들 듯, 싱글 생활을 대비해 정신적 면역력을 키워야 할 필요성에 대해서, 이토록 불확실한 시대에 그 누가 부정할 수 있겠는가?

필자는 급작스러운 별거 생활을 경험해 봤고, 배신의 쓰라린 아픔을 맛보았을 뿐만 아니라, 상상할 수조차 없었던 모함을 온몸으로 감내하는 둥, 터널 속 같은 고독 속에서 지냈었다. 외로움과 억울함과 당혹감 그리고 무력감과 수치심 사이에서 방황하는 시간을 성공적으로 감내하고 회복했다. 그러는 동안, 극단적인 선택을 하는 사람들의 입장과 심정이 어떤 것인가를 뼈저리게 공감할 수 있게 되었다.

지금까지 한국공감소통연구소 대표로서, 또 관련 기관 멘토로서 이혼 직전에 있는 이웃의 가족 상담도 했고, 청소년단체에서 심리 및 진로 상담도 하며, 각종 사회단체에서 인간관계 갈등을 해결하는 활동을 해왔다. 이론만이 아닌 실제 상황들을 직간접적으로 수없이 경험하고 생생하게 목격했다. 어느 날 갑자기 준비 없이 외톨이가 된 이들이 잠 못 이루는 밤이 계속되는 가운데, 악몽에 시달리는 충격과 이성과 감성이 널뛰기하는 그 자체를 직간접으로 경험하게 되었다. 대부분 이런 상황의 특징은 복합적 난제 속에 묶이게 되는 경우가 허다하므로 사회적 지위나 명성이 높을수록 오히려 더 무력감을 느끼게 되는 것이다. 더 높이 올라갔던 독수리가 추락하는 경우에는 더 큰 충격을 받는 것처럼 말이다.

이런 참담한 상황에 내몰려 정신이 공허할 때, 흔히들 병원에 가보거나 상담받아 보라고 쉽게 말을 한다. 그렇지만 정신병원이나 전문 상담자를 찾는다는 것은 그리 쉬운 일이 아니다. 비용도 시간도 만만치 않다. 단기간에 끝나지도 않는다. 남의 이목이 두려울 수도 있다. 때에 따라서는 현재 꼬여진 인간관계에 대한 심리적 원인분석을 제공받을 수는 있지만, 갈등에 대한 맞춤형 처방을 받지 못해 완전 회복이 되지 못한 채, 관계가 악화할 때마다 평생토록 상담하기를 요구받는 경우도 비일비재하다.

이런 상황에서 수직 낙하하는 듯한 고난에 연착륙하며 스스로 적응하게 하는 처방은 없을까? 심신이 탈진된 상태와 불안 상태에서 벗어나 자생적으로 회복 출구를 찾는데 깨침을 얻는 지혜는 없는 것일까?

필자는 심각하게 고민하면서 이 문제를 탐구하기 시작했다. 병원에 가게 되기 전에, 신경안정제를 복용하기 전에, 여행, 산책, 운동, 또는 마인드컨트롤을 통해서, 자가 치료하는 것이 현실적으로 훨씬 더 요긴하다는 것을 알았기 때문이다.

30년 경력의 베테랑 정신과 의사 정 박사의 말에서 힌트를 얻었다. 우리 시대의 가장 중요한 치유는 정신과 의사나 전문 상담사한테 의지하지 않고 스스로 치유하는 것이 제일 절실하고 중요하다는 것이다. 왜냐하면 우리 사회는 상처가 너무 많아서 내가 힘들 때마다 전문가를 찾아가야만 도움을 받을 수 있다면 우리는 너무 힘든 시간을 살 수밖에 없다는 것이다. 그래서 스스로 할 수 있는 치유가 필요하다는 것이다. 예컨대 조리사 자격증이 있는 사람만 밥을 할 수 있는 법이 있다면, 우리는 그 조리사 자격증이 있는 사람의 집 앞에서 길게 줄을 서서 순서를 기다려야만 한다. 그렇게 해서는 내 삶을 존엄하게 살 수도 없고 내 일상을 제대로 영위할 수 없다.

그래서 전문 요릿집에는 가지 못한다고 할지라도 집에서 부담 없이 먹을 수 있는 '집밥'을 만든다는 심정으로 이 글을 쓴다.

필자는 그동안 필요에 따라서 프로이트와 융의 심리학에 심취함은 물론, 유력한 신학대학 교수의 개인지도를 받으며 성경의 진수를 묵상했고, 초기 불교와 대승불교의 경전들을 현실적인 문제를 접목해 명상하는 한편, 노자와 장자, 공자와 순자 같은 고전, 근대 실존주의 철학, 그리고 최근에 주목받는 뇌과학에 이르기까지 광폭의 탐구 행진을 이어왔다.

박제된 듯한 전통적 세상 가치관을 원망도 하고 한탄도 해 보았다. 달나라 이야기 같은 원론적 교리나 기존의 도덕적 기준을 또 다른 시각으로 바라보면서, 평생을 당위답지 않은 당위 속에 스스로 묶여서 살아왔던 자신의 무능함을 측은하게도 느껴보았다. 키르케고르가 말하는 '죽음에 이르는 병'의 실존적 절망의 의미를 온몸으로 느껴도 보았다.

이렇게 고뇌에 찬 시간을 보내오면서 마침내 돌파구를 찾는 지혜의 처방을 얻게 되었다. 그동안 직간접으로 겪었던 상황들이 홀로된 사람들을 외로움과 황당함과 원통함과 고립감에서 근원적으로 벗어날 수 있도록 도와줄 수 있는 '상처 입은 치유자'가 되게 하였다. 진정한 치유자는 자기가 그 상처를 몸소 겪어본 사람이어야 상대방 아픔의 이해도가 높다. 어디가 얼마나 아픈지 핀셋진단이 가능하다.

비슷한 처지에서 고민하며 방황하는 동시대의 이웃들에게 동병상련의 애절한 마음으로, 정신적 비타민 같은 유효한 처방을 제공해 줄 수 있겠다고 판단했다. 남은 삶의 소명과 가치를 이 새로운 지평을 열어가는 곳에 쏟아 볼 수 있게 되었다. 이것이 이 책을 쓰게 된 동기다.

제1장

외로움

1
..

차라리 지금
꿈을 꾸고 있는 것이라면
좋겠어요

(아내가 가출하고 산중 전원주택에 홀로 남아 고독한 밤과 싸우는 노 가장의 몸부림)

 평소에 남의 사생활 이야기나 자기 개인 이야기를 좀처럼 입 밖에 꺼내지 않던 P 씨는 마침내 입을 열었다. 절제된 표현이었지만 매우 구체적이고 분명했다. 마치 한 연극배우가 아무도 없는 캄캄한 허공에 대고 자기 독백을 토해내는 것 같았다. 나는 숨소리마저 죽이며 그의 이야기에 빠져들었다.

 "자는 듯 마는 듯, 선잠을 깨어보니 아직도 새벽 한 시가 채 못되었습니다.
 아침이 되려면 아직도 6시간이나 남아있는데 적막강산 속에서 외로움과 고립감으로 처절하게 존재 의미와 사투를 벌여야 하는 지금은 분명 나에게는 가슴이 시려 오는 고문의 시간입니다.

이 지구별에 수많은 생명이 함께 어울려 추억을 쌓아가며 살고 있건만, 왜 나만 꿈같은 현실을, 사무치게 고독으로 채워가며 존재해야만 한다는 말인가요?

전생에 내가 무슨 죄를 지었기에 고고하게 인생 마무리를 준비하기에도 아쉬운 노년에, 예전에 듣도 보도 못했던 졸혼형 별거를, 그것도 창피해서 남에게 이야기도 하지 못하고 쓸쓸하게 견뎌야 하는 낯선 상황 속에 내던져졌단 말인가요?

이 곤고함을 견디고 나면 어떤 보상이라도 따라오는 것인가? 군에 입대한 것처럼 시간이 내 편이라면, '거꾸로 매달아 놓아도 국방부 시계는 돌아간다'라는 희망을 담보로 버거운 군대 생활을 버텨내는 것처럼 이 시간을 뒤로 떠밀어 낼 수 있을 것 같은데, 그게 보이질 않습니다.

다만, 나 홀로 유기된 이 지구별에서 끝이 보이질 않는 검은 밤을 허옇게 지새우며 더욱 어둠의 늪으로 빠져들고 있을 뿐입니다. 문제는 아침이 된다고 해서 지금 느끼는 허무한 실존상태가 바뀌지 않는다는 현실입니다. 오지 않을 사람을 기다리는 현실은 밤이나 낮이나 똑같기 때문이지요.

끝없는 터널 속, 방향 잃은 나에게는, 주야가 교체된다고 해도 그저 색깔만 달라지는 어둠이 지속될 뿐입니다. 바뀌지 않는 꿈을 주야로 이어서 꾸는 것이나 다름없듯이 말입니다.

차라리 지금 꿈을 꾸고 있는 것이라면 참으로 좋겠습니다."

감당키 어려울 정도로 강한 성격의 아내가 기분이 나쁘면 쌩하고 가출해버리는 습관이 붙으면서 이제는 인연을 끊을 듯한 자세로 막무가내로 또다시 가출해버린, 어느 노년 가장의 서글픈 현실 이야기다. 그가 필자에게 복잡한 사연을 일일이 설명하고 있지는 않지만 떠밀리듯 준비 안 된 독거 생활의 쓸쓸한 단면을 서글픈 연극처럼 보여주고 있다.

"차라리 지금 이 상황이 현실이 아니라, 꿈을 꾸고 있는 것이라면 좋겠다."라고 하는 것은 외로움과 단절감을 견디지 못하는 사회적 유기 공포심의 막다른 표현임이 분명했다. 슬픈 노래의 주인공 같은 P 씨의 이야기를 듣는 동안, 고 김광석 가수의 「서른 즈음에」 노래 가사가 떠올랐다.

점점 더 멀어져 간다
머물러 있는 청춘인 줄 알았는데

비어가는 내 가슴속엔
더 아무것도 찾을 수 없네

계절은 다시 돌아오지만
떠나간 내 사랑은 어디에

내가 떠나보낸 것도 아닌데
내가 떠나온 것도 아닌데

조금씩 잊혀져 간다

머물러 있는 사랑인줄 알았는데

또 하루 멀어져 간다

매일 이별하며 살고 있구나

매일 이별하며 살고 있구나.

2
...

혼자 있어서 외로운 게 아니라
혼자 있지 못해서 외로운 것

누구나 외로운 게 인생이다. 누구나 고뇌하며 사는 것이 인생이다. 누구나 홀로 왔다가 홀로 간다. 수학여행 가듯 단체로 시끌벅적 왔다가 단체로 와자지껄 떠나는 사람은 아무도 없다. 코로나19로 인해 친구들의 예상 못했던 죽음을 가까이서 보니, 자기도 모르는 날에 혼자 왔다가 역시 자신도 모르는 시간에 속절없이 혼자 떠나는 것이 인생임을 생생히 느낀다.

고독한 상황이 힘들어서 상담하는 내담자의 고민은 대체로 비슷하다. 나만 겪는 특별한 고통이라고 생각하는 것을 알고 보면 누군가가 이미 경험했거나 극복 중이거나 하는 경우가 대부분이다. 그러니 혼자만의 외로운 고민이라고 착각하지 마라. 나 혼자만의 고통이 아니라고 생각하는 것만으로도 외로움은 줄어든다. 고독의 경험은 모든 뛰어난 인물들의 인생 필수코스인지도 모르겠다.

수많은 군중이 뒤따르던 예수도 고백했다. "여우도 굴이 있고 공중을 나는 새도 집이 있으되 인자는 머리 둘 곳이 없구나."

불교의 창시자 고타마 싯다르타 왕자도 삶을 고통이라고 규정했다. 왕궁의 영화를 버리고 출가한 원인도 바로 그 문제의 해답을 찾아 나선 것 아니던가?

헤르만 헤세도 말했다. 인생이란 고독한 것이다. 누구도 다른 사람에 대해 알지 못한다. 모두가 외톨이다. 혼자 걸어가지 않으면 안 된다. 아무리 친한 친구와 대화를 나눠도 서로 완벽하게 통한다는 것은 불가능하다.

인간은 어디까지나 궁극적으로는 외톨이다. 그러기에 외로움과 고뇌는 내게만 닥친 특별한 것이 아니라 인류 보편의 문제인 것이다.

정신분석학의 창시자 프로이트는 이렇게 말했다. "자발적인 고독이나 타자로부터의 분리는 인간관계에서 생기는 고뇌를 막는 가장 가까운 방지책이다."

이렇듯 사람이나 상황에 따라서 고독의 의미는 달라질 수 있는 것이다. 특별한 영감을 얻고 싶은 사람에게는 고독이 오히려 도움이 되는 때도 있다. 사람들과의 밀접한 교류 속에서는 아무래도 사고패턴이나 수준이 평균에 맞춰지기가 쉽고, 평균적인 사고 속에서는 창조적인 아이디어가 나오는 것이 쉽지 않기 때문이다. 그래서 창의적인 직업을 가진 사람은 때때로 일부러 고독의 시간을 갖는 경우도 있다는 것을 상기하라.

인류의 복지와 존엄을 위한 토대를 마련하는 것에 초점을 맞추고 서양철학의 척추 역할을 했던 위대한 천재 임마누엘 칸트도 공부를 위해 평생을 독신으로 살았다. 그래서 그는 플라톤, 아리스토텔레스와 함께 서양철학의 3대천왕이 되었다.

피할 수 없으면 즐기라고 했다. 그러니 피할 수 없는 외로움이라면 당연한 것으로 받아들여라. 사실 외로운 감정을 느끼지 않는 사람은 없다. 기쁨이나 슬픈 감정처럼 외로움도 정상적인 사람이면 누구나 마음속에 가지고 있는 감정의 하나일 뿐이다.

음식에도 내가 좋아하는 음식이 있고 싫어하는 음식도 분명히 존재한다. 내가 싫어하는 음식이라고 해서 세상에 엄연히 존재하는 그 음식을 모조리 없애 버릴 수 있겠는가? 그러니 싫어하는 감정이라고 해도 부정하지 말고 있는 그대로 인정하자. 그리고 그것을 낯설어하지 말자.

지금 외롭다고 사람을 성급하게 끌어들이거나 무리해서 찾아 나선다고 그것이 근본적으로 해결될 수는 없는 노릇이다. 새로운 만남은 또 다른 헤어짐을 예약하는 것에 지나지 않기 때문이다. 인연이 맞닿는 대로 만남과 헤어짐을 순리로 받아들여라. '오는 사람 막지 말고 가는 사람 잡지 말라.'라는 것은 그냥 헛말이 아니다.

사실 이 시대를 살아가는 모든 사람이 함께 사는 것 같지만 실상은 각자가 따로따로다. 누가 한순간이라도 내 대신 아파줄 수 있는가? 누가 하룻밤이라도 나 대신 잠들어줄 수 있는가?

영국의 지성, 세계적인 정신분석학자 앤서니 스토는 그의 저서 『고독의 위로』에서 극단에 가까운 단호한 표현으로 '인간의 불행은 고독할 줄 모르는 데서 온다'라고 말했다.

일본의 사이토 다카시 교수의 말처럼 외로움을 견디지 못하고 관계에 휘둘리는 사람은 평생 다른 사람의 기준에 끌려다닐 수밖에 없다.

앞서 말한 P 씨의 경우도, 가출한 그의 부인과의 관계에서 함께 있으면 괴롭고 혼자 있으면 외로운 경우로서, 상대적으로 집착과 외로움에 약한 그의 약점을 이용하는 아내에게 번번이 농락당하고 있음을 느끼면서도 외로움을 피하려고만 하기 때문에 오히려 괴로움과 외로움을 모두 다 끌어안아야 하는 경우다. 한 마디로 가해하는 상대를 객관적으로 보지 못했기 때문이다. 고집이 지나치게 강하며, 자기가 옳다는 독선 의식에 매몰되어 살아가는 사람은 상대의 아픔에 대해 무감각하다. 그래서 가해의식이 없다. 목적달성을 위해 정서지수(EQ)보다는 지능지수(IQ) 중심으로 살아가기 때문이다. 극단적으로 그런 부류에 속한 사람을 '소시오패스'라고 하는데, 마음이 여리고 착한 사람들은 이런 상대로부터 감성적 상처를 받으며 기를 펴지 못하고 살아가는 경우가 많다.

외로움에 젖어 허우적댈 그 시간에 내 생명의 경이로움을 느껴보라.

내가 의도하지 않아도 저절로 호흡할 수 있고, 아침에 저절로 눈뜰 수 있으며, 오감을 통해 기쁨과 슬픔을 느낄 수 있는 이 생명현상이 얼마나 신묘막측한가? 생각할수록 신비하지 않은가? 일상의 모든 것이 기적이 아닐 수 없다.

아프다는 것은 살아있다는 방증이다. 쓴맛을 느끼는 것도 생명 활동의 징표다. 삶 자체가 신비요 경이로움 그 자체다. 어찌 컴퓨터 알고리즘과 살아있는 내가 비교될 수 있겠는가? 곤고한 이 순간은 나 홀로 잘못된 것 같지만 실은 정상이다. 세상이 뒤틀린 듯싶지만, 지금 내 삶의 모습은 이 시대에 다양한 삶의 형태 중 익숙한 하나의 모델일 뿐이다.

외롭고 고뇌하는 이 순간은 나를 의연하게 성숙시키는 성상통의 과정이다.

누가 곁에 없어도 홀로 존재할 수 있는 능력, 즉 고독할 수 있는 능력을 키우는 것이야말로 더불어 살아가는데 필수적인 기본 능력이다. 만약 어떤 사람에게 지나치게 집착한다면 자신도 힘들고 함께 있는 그 사람도 종국에는 견딜 수 없다. 집착을 사랑이라고 착각하지 마라. 홀로 있음, 즉 고독을 외로움이라고 혼돈하지도 마라.

그렇게 하는 것이 독선적인 상대의 일방적인 지배력에서 벗어나 자유를 찾는 첩경이다.

3
...

고독(Solitude)과
외로움(Loneliness)은 별개다

외로움은 타인에게서 고립되었다고 여겨질 때 일어나는 부정적 느낌이다. 나 홀로 떨어져 있다고 인식되는 허전한 정서다. 이렇듯 외로움의 실체는 느낌이고 정서이기 때문에 타인과 함께 있을 때도 얼마든지 외로움을 느낄 수 있다. 감정적으로 고립되었다고 생각될 때, 타인과 감정이 공유되지 못한 채 혼자서만 느낀다고 생각될 때, 비록 몸이 함께한다고 할지라도 정신적으로 외로움에 사로잡힐 수 있는 것이다.

반면, 고독감은 혼자 있을 때만 느낄 수 있는 긍정적인 감정이다. 오로지 자신에게만 집중할 수 있는 상태다. 그래서 외부의 방해 없이 자기 내면의 목소리를 들을 수 있다. 왁자지껄한 세상에 잠시 나갔다가 본래 자기 집으로 돌아가서 독립된 정서를 누리는 것처럼 말이다.

사실, 함께 있어도 두 마음이면 외로울 수 있고, 떨어져 있어도 한 마음이면 외롭지 않을 수 있다. 한 마음인데 홀로 외로울 땐 그리움의 빈 그릇을 채우면 되겠지만, 함께 하면서도 외로울 땐, 채우고 담을 그릇조차 없는 것이다. 그러니 지금 홀로 있느냐? 함께 있느냐? 하는 것이 중요한 것은 아니다.

혼자 있는 시간에 고독을 즐기기보다 외로움을 느끼는 사람들은 본인 내면의 목소리를 듣지 못하고 자신의 본래 감정을 알아차리기 어렵다. 자기 자신에 대해 한 번도 내면을 스스로 바라본 경험이 없다 보니 타인에 관해서도 깊게 이해하고 공감하기 어렵다. 본래 모든 생명의 존재 양태는 계속 붙어있을 수 없고 홀로 독립적으로 존재하며 때가 되면 오히려 개체 분리가 일어나는 것이 종족 번식의 법칙이다.

홀로 있어야만 한다면 그냥 그걸 즐겨라!
그러면 그 시간은 외로움이 아니라 내가 선택한 '홀로 있음(고독)'이다.
그 시간은 온전히 나만의 자유의 시간이다.

고독은 즐기되 마음속 고립의 빗장은 풀어버려라!
홀로 있는 동안에는 나와 맞지 않는 것들을 철저하게 무시해 버리자.
내 안에 침투되어 가시가 된 타인의 독 흔적을 개 무시해 버리자.
어떤 규칙도, 통제도, 위선도, 가식도, 질투도 없는 자유의 공간을 즐기자.
누구의 시선도 머물지 않는 곳, 의견이 달라도 상관없고, 어떤 상상을 해도 비난 받지 않는 곳, 자다가 일어나서 글을 쓰든, 속옷 바람에 춤을 추든, 상관이 없는 나만의 시간과 공간이라는 것이, 엮여서 사는 이 세상에서 누구에게나 어느 때나 주어지는 것은 아니지 않은가?

4
...

혼자라면 반드시
외로워야만 할까요?

외로운 게 인생이라는 보편적 사실을 당연한 것으로 받아들이는 것은 갑작스러운 변화에 따른 충격에서 벗어나는 데 아주 유용한 응급처방이다. 나 혼자만 특별히 고립된 것 같은 착각에서 벗어날 수 있는 깨달음의 화두가 분명하기 때문이다.

그러나 그 혜안을 얻고 난 이후에, 아무 일도 하지 않고 무력하게만 있다면 그 약효는 점차 떨어진다. 결국 그 현상에서 탈출할 수 없다. 외롭다는 것은 기댈 곳이 없어서 그렇다. 혹은 한가해서 그렇다. 또 외롭다는 생각 자체가 나를 더 외롭게 만든다. 만났던 사람과 만났던 자연과 만났던 세월과 매일 매일 이별하면서 이 지구별을 여행하고 떠나는 것이 거부할 수 없는 삶의 여정이라면, 이것을 부정하는 것은 이길 수 없는 싸움을 하겠다는 어리석음일 뿐이다. 매일 매일의 삶을 신비로운 체험을 하면서 성숙해가는 당연한 것으로 받아들이자. 그런 전제 속에서 스스로 눈을 크게 뜨고 세상의 다양한 모습을 바라보자.

혼자 있으면 무조건 외롭고 쓸쓸한 것이 당연한 공식이라면, 혼자 사는 모든 사람은 예외 없이 모두 언제나 외로워야만 하나. 하루 24시간 혹은 1년 내내 외롭고 쓸쓸해야만 한다. 그런데 실상을 보면 온종일, 온 시간 동안 외로움을 느끼는 사람은 없다.

한 집에 살아도 서로가 각방을 쓰면서 식사할 때만 만나는 가족도 있다. 각자가 휴대폰 메시지를 하거나 자신이 좋아하는 영상을 보면서 따로 국밥처럼 시간을 보내는 가족도 얼마든지 있다. 그것은 한 지붕 아래 있을 뿐이지, 함께 하는 것은 아니지 않은가? 한 침대에서 잠을 잔다고 해서 함께 소통하는 꿈을 꿀 수는 없다. 잠이 드는 동안에는 완전히 각자다. 꿈속에서 서로 교감할 수 없기 때문이다.

평소 그렇게 살던 사람들도 떨어져서 별거하는 경우, 이전보다 공허하다고 느끼는 것은 왜 그런가? 그건 바로 공허하다는 생각이 주범이다. 물리적으로, 떨어진 거리만 차이가 날 뿐이지, 실상 이 지구라는 한 공간에서 숨 쉬고 있다는 것은 예전과 동일한 것이 분명하다. 붙어있지 않을지라도 예전처럼 각자가 동시에 살아있는 것이다.

엄밀히 말해, 외로움을 느끼는 감정은 주관적이다. 함께 있어도 외로울 수 있고 떨어져 있어도 외롭지 않을 수 있는 정신의 문제이기 때문이다.

외로움은 관계가 깨졌을 때 생긴다. 믿었던 사람에게 신뢰가 깨졌을 때 생긴다. 그리고 아무도 나를 이해해주지 않을 때 생긴다. 그러기에 '풍요 속에서 빈곤함'을 느끼듯, '군중 속에서 외로움'을 느낄 수 있는 것이다.

진정 중요한 것은, 가장 중요한 시간에 마음의 손을 잡아줄 삶의 동반자가 있는가? 나에게 생긴 기쁜 일을 시기함을 받지 않고 함께 나눌 사람이 있는가? 하는 것이다. 이것은 물리적으로 함께 있고 없고의 문제가 아닌 것이다.

물리적인 고독이나 정신적인 외로움도 내가 무언가 심취해서 집중하는 동안에는 그 느낌과 감정이 자신도 모르게 자취를 감춘다. 그렇다면 내가 심취할 수 있는 그 어떤 일을 만들어 보자. 큰일이든 작은 일이든 상관없다. 일을 벌이고 집중하다 보면 뜻밖에 활력과 보람을 찾는 계기가 될 수도 있다. 시간이 흐를수록 원하는 결과가 현실로 다가올 기대가 있다면, 멈춰서 얼어붙었던 시간은 어느새 내 편이 되어 무료한 순간이 아니라 기대와 소망을 더해가는 금쪽같은 시간으로 바뀔 수도 있는 것이기 때문이다.

5
...

외롭다고 해서
아무나 만나지 마라

조급한 만남은 삶이 더 힘들어질 수도 있고, 그 인연으로 남은 인생이 더 굴곡질 수도 있는 참으로 위험한 일이다. 지금 외롭다고 해서 아무나 만나고 싶다면, 막연하게 외롭다는 이유로 무작정 기댈 누군가를 찾고 싶다면, 먼저 그 외로움이 어디서부터 오는 것인지 살펴볼 필요가 있다.

애정 결핍에서 비롯될 수도 있고, 불안에서부터 시작될 수도 있고, 자존감이 낮아서일 수도 있다. 단순히 혼자 있다는 이유만으로 생겨나는 것이 아니라는 사실을 알아야 한다.

혼자 있는 그 시간에, 사랑에 목말라 하거나 감정에 휘둘리는 대신 차라리 스스로 자기 내면의 상태를 진솔하게 바라볼 수 있어야 한다. 그래서 남에게 집착하고 있는 '나 자신'을 살펴야 한다. 나 자신에게 좀 더 집중하는 시간을 만나고 스스로를 챙기고 다독이는 시간이 절대적으로 필요하다. 그것은 외로움에 대한 일시적 현상 완화가 아니라 원인 치유의 지름길이기 때문이다.

물론, 자신만 빼고 세상 모든 이가 아무 문제 없이 행복하게 잘살고 있는 것 같은 느낌이 들 수도 있다. 그러나 그것은 착각의 세계다. 있지도 않은 가상의 세계를 여행하고 있는 것일 뿐이다. 갈등 없이 사랑받는 유토피아의 세계는 실존에서는 있을 수 없는 소망의 영역일 뿐이다.

자신의 모습을 제대로 깨달아 자존감을 세우는 법을 알고 있는 인생이라면 그 누가 곁에 있든 없든 중요하지 않다. 결국 나 스스로를 사랑할 수 있는 존재만이 다른 누구와도 사랑할 수 있기 때문이다.

지금까지 많은 인연을 만나고 헤어지면서 무언가 모를 허망하고 빠져나올 수 없는 슬픔의 깊이가 오래 간다면, 나 자신의 감정이 항상 남에게 의존되어 있고, 남과 비교하는데 맞춰져 있기 때문일 수 있다. 그것이 내 마음을 허기지게 만들고, 불안하게 만들고, 마음의 여유를 고갈시키는 가장 큰 마음의 장애일 수 있다.

불안하다고 아무나 만나고, 허전하다고 아무에게나 마음 주면서 내면의 문제를 밖에서 해결하려고 하는 것은 위험한 일이다. 남에게 집착할수록 집착하는 일들만 계속 일어나기 때문이다.

진짜 내 본연의 마음과 진솔하게 독대할 수 있을 때, 그래서 스스로 고독을 선택할 수 있는 능력이 생겼을 때, 비로소 진정한 인연을 집착 없이 자유롭게 만날 수 있다.

너무 많은 관계를 유지하느라 힘들어하지 마라.
모두와 잘 지내기 위해서 억지로 애쓰지 마라.
있는 그대로 내 삶 자체를 사랑하라.

6
...

작년에 왔던 각설이가
죽지도 않고 또 왔네

시대마다 그때의 사회적 정서를 노래로 담아낸 것이 대중가요다. 그래서 대중가요 속에는 애환이 담겨있고 흥이 담겨있고 역사가 담겨있다. 그래서 같은 정서를 가진 많은 사람이 그렇게 열광한다. 마치 내가 노랫말의 주인공이 된 듯이 공감하기 때문이다. 우리는 나라를 빼앗긴 한을 노래로 달래 가며 독립의 의지를 지켜왔고, 배고픈 서러움을 노래로 표현하며 어려운 시절을 버텨온 역사를 가지고 있다.

외로움에 처해있는 사람들은 외로운 노래를 따라 부르며 자신의 처지를 노래로 승화시킨다. 이것은 긍정적인 효과임이 분명하다. 그러나 슬픈 가사에 공감해서 너무 늘어지는 노래만 계속 부르다 보면, 마음이 우울해지고 더 깊은 수렁에 빠지는 듯한 부정적인 효과도 부작용처럼 경험하게 된다. 그래서 안타까운 사연의 노래이면서도 흥겨운 가락으로 뽑아내서 부르던 우리 조상들의 대표적인 노래가 '작년에 왔던 각설이가 죽지도 않고 또 왔네' 하는 「각설이타령」이다.

만약 나는 외롭고 슬픈데, 기쁘고 행복한 가사의 내용만을 접하게 된다면, 마치 남들은 다 즐거운데 나 혼자만 외톨이운명 속에 버림받은 느낌이 들 수 있다. 그러기에 노래 가사는 내 처지를 대변해주는 공감의 내용이면서도 박자와 곡조는 활기와 용기로 승화시킬 수 있는 노래를 듣고 따라 부르는 것이 좋다. 내 마음이 노랫말을 통해 위로받으면서도 몸은 활력을 되찾는 리듬 속에 있기 때문이다.

리듬을 타면 힘든 운동도 지루하지 않게 할 수 있다. 좋은 음악이 식물원에서도 사용되고, 소 키우는 목장에도 응용된다는 사실은 노래가 면역과 성장에 미치는 영향이 분명히 있기 때문이다. 비록 슬프고 외로운 감정이라고 하더라도 박자에 맞춰서 마치 무대 위에서 가수라도 된 것처럼 불러보라. 우리의 뇌는 사실 여부를 따지지 않고 리듬에 영향을 받아서 활력을 되찾아가는 것을 느낄 수 있다.

TV 방송의 트로트 노래 경연 프로그램이 전무후무한 시청률을 보이게 된 것은 우연한 일이 아니다. 코로나19 팬데믹으로 거리두기 방역에 따라 강제적으로 집안에 격리되거나 각종 모임의 인원수 제한으로 단절되거나 고립된 생활이 더 늘어난 사회적 환경도 중요한 요인 중의 하나임이 분명하다. 외롭거나 허전한 일상에서 시간과 공간에 구애되지 않고 만날 수 있었던 음악 방송이 우리의 삶에 재미를 더해주고 무료함을 줄여주었기 때문이다. 만약 그 프로그램에 시청자들이 별로 공감하지 않았다면 그렇게 시청률이 올라갈 수는 없는 노릇 아니겠는가? 병마와 대항하여 치료 중인 사람들이 치유되고 힘을 얻었다는 많은 간증은 분명한 긍정적 임상 실험 같은 결과다.

흘러간 시대의 지나간 유행물로만 알았던 전통 트로트가 전 세대를 어우르는 국민가요로 부활했다는 것은 코로나바이러스로 인해 격리된 우리의 생활 속에서 얼마나 큰 영향력이 있는 것인지 보여주는 확실한 임상 증거가 된 셈이다.

나 홀로 심히 외로울 땐, 생각을 멈추고, 이면체면 따지지 말고 들려오는 흥겨운 노래를 따라서 불러보자. 그리고 박자에 맞춰 몸이 가는 대로 나만의 춤을 추어 보자. 이것은 그동안 외면했던 나 자신을 정직하게 위로하고 치유하는 처방이 될 수 있을 것이다. 정신이 몸에 영향을 주지만, 몸이 정신에 영향을 주기도 한다. 우리 몸과 정신은 한 방향이 아니라 쌍방향으로 작용하기 때문이다. 그동안 보이지 않던 정신이, 보이는 몸을 위해 봉사했다면, 이렇게 정신이 곤고한 비상 상황에서는 반대로 육체가 정신을 도와 봉사하는 것도 나쁘지 않다.

세상에 물의를 일으키지 않으면서 외로움을 극복하는 가장 좋은 방법은 한 마디로 '적응하고 익숙해지는 것'이다.

7
...

내가 심취할 수 있는
그 무언가를 만들어라

세상은 빈 곳을 허락하지 않는다. 땅에 작목을 하지 않으면 심지도 않은 잡초가 저절로 채워지듯이, 우리의 마음에도 무언가 집중하는 일이 없으면 원하지도 않은 잡생각과 번뇌 망상으로 채워진다.

내가 무언가 심취해서 일한다거나 땀 흘려 운동한다거나 집 안 청소를 하는 동안에는 외롭다는 생각은 자신도 모르게 자취를 감춘다. 우리의 뇌는 한 번에 한가지 생각만 작동하기 때문이다.

그렇다면 외롭다는 생각에 사로잡혀 있을 것이 아니라, 내가 심취할 수 있는 어떤 일을 만들어 보자. 기대할 수 있는 그 무언가를 시작해 보자.

'가장 행복한 것은 태어나지 않는 것이고, 둘째로 행복한 것은 빨리 죽는 것'이라고 말할 정도로 끔찍한 우울증을 앓고 있었으며 최초로 우울 분석에 관한 책을 집필했다는 한 고전학자는 우울하지 않기 위해서 템스 강 강가를 죽자 살자 뛰었다고 한다. 또 같은 우울증을 앓고 있었던 영국의 경제학자 존 스튜어트 밀은 우울할 때는 음악을 들으라고 했다. 따라서 지금 외롭고 우울하다면 무언가를 하되 음악을 들으면서 할 것을 권한다.

만약, 시간이 흘러도 기대할 바가 전혀 없어 의욕이 상실되어 희망이 절벽이라면 복권을 사는 방법도 있다. 투기를 조장하는 뜻이 아니라, 기대 속에 또 한 주간을 보내도록 하는 가상의 기대감이 내 뇌의 안정을 찾는 데 도움이 되기 때문이다. 일종의 충격 완화 장치요 연착륙시키는 응급조치를 하라는 것이다. 활력을 회복시키기 위한 시간을 버는 것이다.

기다리는 소망이나 삶의 목적의식은 스트레스를 줄여준다.

지금, 이 상황에서 앞으로 무엇이 내 삶의 의미를 가져다줄 수 있을 것인가? 천천히 그리고 정직하게 생각해 보라. 싫은 것 억지로가 아니라, 남 보기에 좋거나 고상한 것이 아니라, 내가 재미있고 내가 잘할 수 있는 것을 찾아보라. 온전히 내 본성을 위로하는 것으로서, 양심과 법에 저촉되지 않는 것이라면 그 무엇이라도 괜찮다.

그 일의 종류는 물론 크기와도 상관없다. 사명 의식이 막연한 상상으로 끝나지 않기 위해서는 장기적인 목표와 방향을 세우되 작지만 구체적인 실천 계획을 함께 생각해야 한다. 마감 시간에 쫓기지 않는 것이 좋다. 성과가 아니라 일 자체가 내 삶의 가치가 되는 것이 좋다. 예컨대 매일같이 팔굽혀펴기 5개를 하겠다는 작은 실천으로부터 시작할 수도 있다.

그동안 살아온 시간이 내면의 나를 돌보지 못하고, 남의 시선만 의식하는 삶의 연속이었다면, 이제 이렇게 특별한 순간에는 오로지 나를 위로하는 것에 전념해도 좋다. 조금은 이기적이라도 괜찮다. 이런 때 아니면 언제 주위 사람 부담 없이 온전한 마음의 자유를 누려볼 수 있겠는가? 이 순간을 온전히 쉬어라. 누구의 간섭도 없는 상태로!

그동안 밖으로만 향해 있던 내 시선을 나 자신에게로 돌려서 나만의 삶의 가치지도를 능동적으로 그려볼 수 있는 시간을 갖는다. 그래서 나 자신이 삶의 주인으로 사는 질문을 스스로에게 던져 보는 것이다.

나는 누구인가?
내가 진정 원하는 것은 무엇인가?
나다운 삶은 어떤 것인가?

그동안 사람에게 상처받고 사람에게 지쳤다면 이제는 당분간 사람과 친해지려고 하기보다 자연이나 일과 친해지도록 해보자. 운동과 친해지고 취미와 친해져 보자. 이렇게 특별한 상황에서 떠오르는 생각들을 글로 적어보아도 좋다. 범상치 않은 작품이 나올 수도 있다. 가슴에 사무치고 영혼을 울리는 작품들은 대부분 평범치 않은 특수상황에서 태어났다는 것이 바로 그 증거다.

8
...

일상의 일에는
성차별이 없다

수렵시대나 농경시대가 아닌 현대사회는 점차 전통적으로 유지해오던 남녀 간 해야 하는 일의 구분이 사라지고 있다. 의회 의원, 군인, 요리사, 간호사, 육아 등 사회 전반에 걸쳐서 남자만 해야 하는 직종이나 여자만 해야 하는 직종이 따로 없다.

남녀 수명의 차이로 인해 요즘 농촌 마을에는 독거노인 비율이 남자보다 여자가 더 높다. 손으로 하던 농사일의 대부분이 기계장비로 대치되면서 필자가 사는 전원마을에서도 여성 어르신이 농사 장비를 다루면서 남자의 도움 없이도 능수능란하게 농사일하는 모습을 흔하게 볼 수 있다. 이렇게 혼자 사는 싱글 시대에는 더더욱 남녀 일이 따로 구분되어서는 살아갈 수 없다.

여자도 농사일을 자유자재로 하는 마당에 남자라고 해서 요리하고 세탁하는 일을 안 하거나 못할 이유는 없다. 청결한 생활이나 일상의 식사 문제를 독립적으로 해결해야만 하는 시대다. 이미 맞벌이 부부가 하는 일의 경계가 자연히 사라지고 있지 않은가? 서로 돕지 않으면 맞벌이로 직업을 가질 수 없기 때문이다.

싱글 시대에는 누구나 생활에 필요한 기본 일에 만능이 되어야 한다. 요리하는 일이나 꽃을 가꾸는 일이나 가전제품을 다루는 일 등을 남녀로 구분할 이유와 명분이 없다. 누구나 할 수 있어야 한다. 예전에는 없었으나 새로 생겨나는 직업도 점차 늘어나고 있다. 자신이 처한 위치와 사정에 따라서 필요한 사람은 누구나 적응하며 익숙해져야만 하는 것들이다. 처음에 불편하던 소소한 것들을 하나하나 몰두하다 보면 전반적인 일상이 점차 자유로워질 것이다.

영혼이 자유로워지려면 육체부터 자유로워져야만 한다. 그러려면 신세한탄할 시간이 없다.

우수에 젖는 일은 그야말로 사치다. 건전하게 바쁘다 보면 정신과 육체의 건강은 보너스로 받게 될 것이다.

9
...

잃는 게 있으면 반드시 얻는 게 있다.
기회를 잡아라

인간은 어차피 고독한 존재다. 아무리 발버둥 쳐도 사람은 절대 고독에서 벗어날 수 없다는 전제로 마음속에 명확한 선을 그어 두자. 그래야 소중한 것을 잃거나 가까운 사람과 헤어져도 면역력을 갖고 있어 극심한 동요 없이 평상심을 유지할 수 있지 않겠는가?

이런 모양으로 사는 것만이 유일한 삶이 아니요, 저런 모양으로 사는 것도 우리가 사는 동안 이 땅에서의 경험이다. 인류 역사를 살펴보면 역시 다양한 형태의 삶을 통해 우리 인류가 존속하고 번창해 왔다. 수렵시대와 농경시대를 똑같은 규칙으로 적용할 수는 없었던 것이다. 규례와 규정은 변화하는 시대 상황에서 최적의 기능을 발휘하도록 진화하는 것이다. 그것이 곧 변화하지 않는 가치, 즉 인간의 존엄과 행복을 지켜나가는 강력한 가변적 수단이기 때문이다.

세계를 여행하다 보면 유난히 한국 사람과 일본 사람은 집단으로 다니지만, 서양인은 혼자서 여행하는 모습을 흔히 볼 수 있다. 그들은 혼자 있는 시간을 힘들어하지 않고 오히려 즐기기까지 한다. 자유롭게 여행하는 사람들을 너무나 쉽게 볼 수 있다. 동행하는 것만 보편적 기준이 아니라는 사실이다.

혼자 사는 것을 특별히 장려하거나 찬양하는 것은 절대 아니다.

그러나 사연이 어찌 되었던지, 자의든 타의든, 기왕 혼자가 되었다면 그런 상황에서만 만날 수 있는 긍정적 측면을 적극적으로 찾아서 활용하자는 이야기다. 잃는 대신 반드시 얻을 수 있는 반대 가치를 얻어내자는 것이다. 자기를 오롯이 발견하는 기회로 삼아보자는 것이다. 톨스토이도 "사람은 고독할 때, 비로소 진정한 자신을 느낀다."라고 하지 않았던가?

고독의 시간을 경험하지 않고 인생의 깊이를 알겠는가?

실연당해보지 않은 사람이 사랑의 깊이를 알겠는가?

사랑이라는 것이 좋아하는 감정에서 시작되지만, 의지로써 유지된다는 사실을 어찌 평범함 속에서 깨달을 수 있겠는가?

평상시 삶의 방식이나 신념에서 혼자 깊이 생각하는 것에 익숙한 사람은 설령 누가 도와줄 수 없는 상황에 내몰려도 쉽게 흐트러지지 않고 중심을 잡는다. 그게 고독할 수 있는 능력이다. 정신적으로 미숙한 연인이나 부부일수록 상대가 갖는 개인적인 시간을 어떻게든 간섭하고 구속하려 한다. 지배 욕구가 강한 사람일수록 상대가 지배당하지 않는 상황을 못 견뎌 한다. 그렇게 예민한 집착은 결국 싸움과 갈등의 원인이 되기 마런이다. 집착을 사랑이라고 착각해서는 안 된다. 구속하고 불편하게 하는 것이 사랑의 본질이 아니기 때문이다.

인간의 행복 중 하나가 '나답게'다. '억지로 꾸밈없이, 있는 그대로 나답게'다.

하지만 홀로 있지 않은 시간에 '나답게'를 구현하는 것은 불가능한 일이다. 평소 자신을 억누르느라 쌓인 스트레스를 해소하기 위해서 적극적으로 혼자가 되는 시간을 마련하는 능동적인 고독을 심리학에서 '솔리튜드(Solitude)'라고 한다.

토머스 에디슨은 말했다. "최고의 생각은 고독 안에서 이루어지고, 최악의 생각은 혼란 가운데 발생한다." 장 자크 루소도 이렇게 말했다. "지금 홀로 있어서 외롭고 슬픈 생각이 든다면, 그래서 어떻게든 밖으로 나가 온갖 소음 속에 자신을 던지고 싶다면, 당신은 자신에게 찾아온 황금 같은 시간을 쓰레기통에 처박는 것과 같다."

세상에는 반드시 아픔을 통해서만 깨달을 수 있는 특별한 진리가 있다. 지금 아픈가? 지금 절실한가? 바로 이때가 보물을 캐낼 수 있는 바로 그때다.

사실, 홀로 있음(고독) 속에는 외로움만 있는 게 아니다. 그 속에는 자유로움도 함께 있다. 어디에 중심을 두느냐에 따라 몸과 마음이 은둔에 갇힐 수도 있고, 자유로운 영혼의 영감을 통해 무한한 확장의 기회를 잡을 수도 있다.

이 땅에 존재하는 가치 있는 창조물은 사실 기성의 질문에 대답 잘하는 사람에게서 나오지 않았다. 지금 존재하고 있는 가치 있는 것들은 모두가 엉뚱하고 생뚱맞은 질문의 산물이었다. 그런데 창조의 모멘텀이 된 이 질문은 시끄러운 군중 속에서는 발현되기 어렵다. 홀로 사색과 묵상을 통해 갈등과 결핍의 현상 이면에 있는 본질 세계를 꿰뚫어 보는 안목 속에서 태어난 것이다.

사람은 문제 속에서 답을 찾아내고, 불편함 속에서 개선을 찾아내는 것이 다른 동물과 뚜렷이 구분되는 능력이다. 홀로 있는 환경이 지속되고 있다면 은둔에서 확장으로, 진부한 대답에서 심원한 질문으로 중심을 옮겨보자. 나 자신도 위대한 창조자의 반열에 서게 될 것이다.

이제 외로움 문제에 이어 분노, 불안, 죽음에 대한 두려움, 무기력, 부러움과 질투, 상처, 험담이나 구설수 등 싱글로 살아갈 때 동반되는 갈등과 고뇌의 무게를 어떻게 극복할 것인가에 대해서 기술하고자 한다.

제 2 장

분노

1

기껏 잘해주고
상처받는 세상

평소 잘해주고 상처받은 여인의 하소연이다.

"평소 어른으로 섬겨오던 목회자(지금은 은퇴한 원로지만)로부터 받은 배
신감은 지금도 이해가 되질 않아요. 믿는 도끼에 발등 찍힌 기분이에요.

나를 뒤에서 험담하는 별거 중인 남편의 말을 듣는 즉시, 사실확인도
하지 않은 상황에서, 그분(원로목사)이 나서서 (그런 못된 나와 함께 사는
것을) 말리겠다고 했다는 거예요.

그 이후 저의 전화도 받지 않습니다. 다른 사람도 아니고 수 년 동안 섬겨
왔던 원로목사가 이런 말을 했다는 것을 제삼자를 통해 전해 들었을 때는
이렇게 황당한 경우가 또 있을까? 순간 심장이 멈추는 느낌이었어요.

그 이유는 두 가지입니다.

과장과 허풍을 넘어서 지난번에는 나에 대한 모함을 위해 거짓 물증을
만들어 세상에 퍼트리다가 발각되었던 별거 남편이 또 어떤 감정적인 거

짓말을 원로목사에게 했다는 말인가?

하나는 남편에 대한 분함이었고, 또 하나는 비록 지금은 은퇴한 원로목사지만 그래도 평생 성직자로 살아온 분이, 그리고 나로부터 나름대로 대접도 받고, 그 외에도 후임 청빙 때, 그분의 뜻대로 하는 데에도 일조하여 도왔는데, 어떻게 한쪽 말만 듣고, 똑같이 흥분해서 그토록 경망스러운 말을 내뱉을 수 있을까?

남의 가정 이야기를 얼마나 속속들이 알고 판단할 수 있다고 그리도 가볍게 판단하며 경망스럽게 감정 동조를 할 수 있다는 말인가? 하는 황당함입니다.

처음엔 내 귀를 의심했으나 이제는 그게 사실이라고 믿을 수밖에 없습니다.

왜냐하면 이런 사실이 있었다는 것을 꿈에도 생각 못했던 나는 그동안 평소처럼, 그 원로목사에게 의미 있는 절기가 되어 종전처럼 선물을 드리려고 전화했으나 전화를 받지 않았습니다. 당연히 그 후에도 아무런 응신이 없었고요.

또 식사대접을 하려고 여러 번 전화를 드렸으나 역시 전화를 받지 않아요. 혹시나 해서 사모님께 전화를 드려도 마찬가지로 지금까지 무응답입니다. 나와는 상종하지 않겠다는 결심이거나 나에 대한 두려움 때문일 것이라고 판단되었습니다.

처음에는 당장 찾아가서 따져보고 싶은 마음이 굴뚝같았으나 이내 신중해야 한다는 생각이 나를 자제 시켰습니다. 누워서 침 뱉기라는 생각 때문이었지요. 그리고 교회에 누를 끼치지 말아야 한다는 생각 때문이고

요. 이런 사실이 다른 교우들이나 세상 사람들에게 알려질 때 우리 가정 일로 인해, 또 이제는 나이 들어 판단 능력이 줄어든 한 노인 목사로 인해 교회가 일파만파 시끄러운 일들이 일어날 것을 우려했기 때문입니다. 나 하나만 그 교회에 출석하지 않으면 끝날 테니 억울해도 그냥 잠기로 했습니다."

"어느 날, 우연히 만난 어떤 목사님께 이런 경우 어떻게 하는 것이 좋겠느냐고 물었습니다. 그 당사자 원로목사의 학교 후배이기에 더 쉽게 이야기할 수 있었지요. 그분의 조언도 역시 나와 같은 생각이었습니다. 그냥 묻어두라는 것이었습니다. 그 목사님이 공적인 자리에서 그런 분별없는 말을 또다시 하는 경우에는, 지금 상담하고 있는 그 목사님께서 적절하게 조치할 테니 염려하지 말고 속상하지만, 그냥 함구하라는 것이었습니다.

그분의 조언대로 지금까지 함구하고 있으며, 다른 일에 집중하면서 황당한 기억을 잊으려 애쓰고 있지만, 아픈 상처는 아직도 기억 속에 자리 잡고 있습니다. 당연히 다니던 교회에는 죄인 아닌 죄인이 된 채, 출석하지 못하고 다른 교회에 손님처럼 다니고 있습니다.

전후 사정 양쪽 이야기를 다 들어보지도 않은 채, 한쪽 배우자의 일방적이고 가공된 하소연에 공감해서 나에 대해 상식적으로 이해할 수 없는 인격모독을 한 그 분으로 인해, 성직자라도 늙으면 한 노인에 불과하다고 생각했고, 그동안 섬겨왔던 지난날들 모두 내가 속았다는 생각을 지울 수가 없습니다. 그동안 웅변하듯 유창했던 그분의 기도는 한낱 주술이었던 것처럼 느껴지며, 1년에 몇 번씩 형식적이고 정형화된, 반강제적인 가정

심방은 다른 목적이 더 컸던 것처럼 느껴집니다.

싸움은 말리고 흥정은 붙이라고 했는데, 일반 세상 사람도 남의 가정 이야기는 함부로 하는 게 아니라는 것이 상식인데, 상식에도 미치지 못하고 그리도 입이 가벼운 다혈질인 그분을 주님의 대언자처럼 섬기며 신앙 생활을 해 왔다는 말인가? 함량 미달의 구리를 순금처럼 착각했던 나 스스로가 원망스럽기까지 합니다. 그들과 함께했던 공동체 생활이 모두가 거짓말 같습니다. 지금 혼자 사는 신세라고 해서, 세상이 모두 나를 무시하고 있는 것 같아요. 그토록 진중하지 않은 한 목회자의 언행으로 인해, 교회에 대한 인식을 다시 할 수 있었습니다. 어쩌면 이제라도 짝퉁을 짝퉁으로 볼 수 있게 만들어준 소중한 기회일지도 모릅니다. 그리스도가 다시 재림한다면, 진정 교회다운 교회가 얼마나 있을까? 자기 직업을 위해서 또는 종교사업을 위해서 순진하거나 우매한 사람들에게 연기하거나 사기 친다는 생각마저 들게 합니다. 교회라는 간판이 붙었다고 다 같은 교회가 아니요, 목사라는 타이틀이 있다고 다 같은 목사가 아니기 때문입니다.

세상에서 상처받으면 교회로 간다지만, 교회에서 상처받으면 어디로 가야 하나요? 그래서 함석헌 목사님이 무교회주의를 주장했던가요?

지금 와르르 무너지는 내 실존 앞에서…."

가슴속에 참고 있던 응어리를 토해내던 어느 노년 부인의 말은 끝을 맺지 못하고 끝내 중단되었다. 하소연을 듣고 있던 내가 이 순간 어떤 말을 한다고 해도 진정성을 전해줄 자신이 없었다. 한동안 침묵의 시간이 흐른 뒤에야 겨우 그분을 위로해 줄 수 있었다.

"그저 울고 싶을 땐, 펑펑 우세요. 울고 나면 좀 나아질 겁니다.

그러길래 하나님이 될 수 없는 사람을 신처럼 너무 의지하면 배신당할때 넘어질 수밖에 없어요. 성직도 하나의 직업이고 목회자도 사람일 뿐입니다. 구약시대에 신과 사람의 중재자 역할을 했던 제사장이 아니어요. 신약시대인 지금은 개인의 신앙 노정을 도와주는 도우미요, 안내자라고 생각하시면 됩니다. 예수님 이후 모든 사람이 '만인 제사장'이라고 하지 않습니까? 흔하지 않은 경험을 하셨으니 그런 아픔 속에 있는 후배들이 있다면 누구보다도 상처 입은 치유자로서 깊은 공감을 담아서 후배를 도와줄 수 있는 상담자가 되실 수 있으실 겁니다."

흐느끼며 말을 잇지 못하는 그분에게 이 정도의 말이라도 덧붙여서 마무리할 수 있었던 것은 그나마 다행이었다.

사연의 빛깔은 다르지만 유사한 서글픔 속에서 혼자 사는 사람이 어디 한두 명 뿐일까? 이미 받은 상처로 아픈 사람이 또 다른 사람의 배신의 쓴 잔을 추가로 들어야 하는 분노의 상황이지만, 세상은 잘해주고 상처받는 경우가 다반사인 것을 어찌하랴?

그렇다면 이제, 분노(화)에 대해서 생각해 보기로 한다.

2

...

분노는 참는 게 아니라
이해하는 것

화(火)는 불과 같아서 억누르면 내 속이 타고, 뿜어내면 밖이 탄다. 밖이 타면 결국 나에게 부메랑이 되어 또 다른 불씨가 되고 더 큰 화재로 번진다. 처음엔 호미로 막을 수 있었던 것을 나중에는 포크레인으로도 막을 수 없게 된다. 그래서 화는 참거나 터뜨린다고 해서 근본적으로 해결될 수 없는 요물이다.

아무리 급해도 실을 바늘에 묶어서는 바느질을 할 수 없다. 결국 바늘구멍을 찾아 실을 꿰어야 하는 과정과 절차가 필요하다. 화도 마찬가지다. 그냥 덮는다고 없어지지도 않고, 분풀이를 한다고 해도 일시적인 효과뿐, 오히려 화가 화를 불러오니, 화에게 먹이를 줄 뿐이다. 그것이 반복되어 습관이 되면, 이후에는 화의 노예로 살게 된다.

분노 덩어리, 즉 묶인 매듭을 풀어야 하는데, 매듭을 푸는 첫 단계가 이해의 과정이다. 문제 자체에 대한 이해, 문제 발생 원인에 대한 이해, 그래서 화가 일어나고 사라지는 메커니즘에 대한 이해, 문제를 해결하는 방법에 대한 이해다. 결국 고난도 수학 문제는 공식이 아닌 원리에 대한 이해로써 풀어야 하듯, 분노를 해결하는 데도 극난석 삼성이 배제된 이해가 필수과정이다. 한마디로 이해가 되어야 생각이 바뀌고, 생각이 바뀌어야 감정이 바뀌며, 감정이 바뀌어야 비로소 분비되는 호르몬이 바뀌면서 괴로움이 소멸하는 것이다. 그런 연후에라야 용서든 화해든 할 수 있는 것이다.

상대방을 위해서가 아니라 나를 위해서 하는 것이 용서라면, 그 용서의 첫 번째 관문인 이해도 당연히 나를 위한 것이다. 용서의 단계에 이르기 전이라도 먼저 내 마음의 억울한 감정이 줄어드는 것이다. 그래서 내가 덜 괴로워지는 것이다. 이해되어야 덜 아프고, 덜 아파야 용서도 가능한 것이기 때문이다. 그러니 상대의 과오를 따지기 전에 이해로 가는 쪽으로 무조건 발을 내딛어라. 이 길만이 결국 내가 사는 길이다. 세상에 너만 죽고 나만 사는 길은 없다.

어리석은 사람은 살기 원하면서도 죽는 약을 마신다. 그래서 불이 난 곳에 물을 뿌리지 않고 오히려 휘발유를 뿜어 댄다. 스스로 부정적인 생각을 하고 그 결과 불편한 감정을 느껴서 자신에게 해가 되는 행동을 하면서도 그것을 깨닫지 못한다. 이것이 어리석음이요, 이것에 대한 정도의 차이가 사람의 수준 차이다. 결국 이 어리석음에서 벗어나지 못하는 한,

탐욕도 분노도 해결할 수 없다. 불가에서는 탐(탐욕), 진(분노), 치(어리석음)를 괴로움의 근본 원인이 되는 3악이라고 하는데, 탐욕도 분노도 결국은 이 어리석음에서 비롯되는 것이다. 그래서 이것을 무명이라고도 한다. 어리석음에 휩싸여 있는 한, 물불을 못 가리기 때문이다.

탐욕은 한마디로 집착하는 욕망이다. 그래서 원하는 것을 얻는 순간에는 쾌락을 느끼지만 얻지 못하면 분노를 느낀다. 그런데 문제는 이 탐욕이라는 놈은 끝이 없기에 더 큰 목마름에서 영원히 헤어날 수 없다. 따라서 탐욕만으로는 지속이 가능한 행복에 이르지 못한다는 전체의 실상을 보는 안목이 바로 어리석음의 소멸이고 지혜의 증득이다.

화(火), 즉 성냄은 대상을 싫어하는 정신 현상이다. 그래서 싫어하는 대상이 멀어지면 안심하지만 가까워지면 불안하고 분노하는 것이다. 집착이란, 붙잡지 못해 안달하는 마음이라고 정의한다면, 성냄은 배척하지 못해 괴로워하는 현상이라고 말할 수 있다. 불이 가구를 태우듯, 성냄은 나를 태우는 마음의 불길이다. 그런데 집착과 성냄과 어리석음은 따로 독립적인 것이 아니라 서로 연결되어 있다. 연결된 문을 찾아 들어가기 위한 첫 번째 문이 바로 이해의 문이라는 것이다.

그러면 무엇을 이해하라는 말인가?
화의 실체는 무엇인가?
화의 원인이 된 내 감정과 생각의 내용은 사실인가?

그 감정이 나를 불태울 만큼 중요한가?

지금 화를 내는 것이 나에게 유익한가?

상대에게 그럴 만한 사정은 없었는가?

상대가 악해서 그랬나? 약해서(불안해서) 그랬나?

지금 죽기 살기로 분노하는 것이 1년 후에도 그럴 가치가 있는 것인가?

그동안 상대의 좋았던 모습은 없었나?

누구나 자기 자신에 대해서는 너그럽지만, 상대방에 대해서는 상대적으로 인색하다. 자신의 행동에 대해서는 그럴 수밖에 없었던 전후좌우 이면의 동기를 크게 보지만, 상대방에 대해서는 거두절미하고 드러난 사건(팩트)만 크게 본다. 그래서 자신에 대해서는 이해될 수 있는 이유를 찾지만, 상대에 대해서는 괘씸한 이유를 찾는다. 그러니 양쪽 모두가 억울할 수밖에 없다. 진실이 증발하고 팩트만 남으면, 피해의식만 가득하고 복수심만 불타게 된다. 그게 바로 지옥 아닌가?

세상에 가해자 없이 피해자만 있는 경우가 있을까? 나도 피해자인 동시에 가해자일 수 있다는 인식에 이를 때, 이해의 폭은 넓어지고 분노는 줄어들기 시작한다. 세상을 바라보는 창문이 크면 클수록 더 크게, 더 많이 볼 수 있다. 시각의 넓이가 이해의 크기다. 안목의 높이가 인격의 높이다.

미운 상대는 처음부터 나쁜 사람인가? 고운 상대는 언제나 사랑스러운가?

꽃밭에서 만나는 나비는 참 아름답다. 꽃과 나비가 상생하며 조화를 이루기 때문이다. 그러나 내가 힘들여서 농사짓고 있는 배추밭에서 만나는 나비는 괴롭다. 배춧잎에 알을 낳고 알에서 나온 배추벌레가 농사를 망치기 때문이다. 필자가 배추 농사를 해보기 전까지는 전혀 몰랐던 사실이다. 같은 나비라도 만나는 장소와 상황이 맞지 않으면 사랑의 대상이 아니라 미움의 대상이 된다. 그렇다면 지금 증오하는 상대도 어쩌면 우리가 만났던 거기가 어울리지 않은 장소였거나, 조화되지 못하는 상황에서 비롯된 것일 수도 있다.

화는 나의 주인이 아니다. 감정에 휘둘릴 것이 아니라 감정을 종으로 부려야 한다. 그것이 주인으로 사는 길이다. 주인이 아니면 자유는 없다.

3
...

자존심과 자존감이 모두 내 편인데
왜 반대로 작동해?

자존심이 높으면 상처를 더 받고 분노도 더 많이 일어나는 반면, 자존감이 높으면 상처와 분노가 덜 일어난다고 하는데, 그것은 왜 그럴까?

둘 다 자신의 가치를 스스로 높이려고 하는 측면에서는 같은데, 자존심은 자신에 대한 가치가 타인과의 관계, 즉 비교심리에서 비롯되는 반면, 자존감은 다른 사람과의 관계와 상관없이 독립적으로 가치 있게 여기고 존중하는 신념을 가지고 있다는 차이다.

자존심에는 자만심과 자격지심이 작동한다. 타인을 수직적관계에서 바라보면서 자신과 비교한다. 자기 자신이 비교 대상보다 더 뛰어나다고 생각될 때는 자만심이 작동되어 우월감이나 교만함에 빠지고, 반대로 자기 자신이 비교 대상보다 모자란다고 생각될 때는 자격지심이 작동되어 열등감이나 비굴함에 빠진다. 그래서 교만과 비굴은 한 뿌리에서 생겨난 두

줄기인 것이다.

반면 자존감이 높은 사람은 타자에 대해 우열을 가리는 수직적관계가 아니라 그와 상관없는 수평적관계로 바라보기 때문에 그들의 훌륭한 점에 대해서 아낌없이 칭찬할 수 있고, 타인의 실수에 대해서도 너그러울 수 있다. 타인의 장점이나 단점으로 인해 자신의 존재감에 전혀 영향을 받지 않아 스트레스가 없기 때문이다.

자존감이 약하고 자존심만 강한 사람은 상대방의 업적이나 장점이 곧 나의 단점을 상대적으로 드러내는 역할을 하기 때문에 그것을 내 취약점, 즉 상처에 대한 공격으로 받아들인다. 이러한 아픈 감정이 상대방에 대하여 시기, 질투, 분노로 표출되는 것이다.

분노를 느끼는 원천은 상처와 좌절과 두려움이다. 이러한 원천적 감정들을 내면에 감추기 위해 발생하는 자기방어 기재의 작동이 곧 분노로 나타난다. 상처를 줄이기 위해 화를 냄으로써 자존감을 보호하려는 왜곡된 본능이기도 하다. 그래서 나보다 잘난 사람에 대한 질투와 시기로 인해 공연히 트집을 잡거나 화내는 것을 가리켜 '열등감 폭발'이라고도 표현한다. 자존감이 약하고 자아에 상처가 많다는 방증이기도 하다.

이렇게 화와 자존심과의 관계, 작동 메커니즘을 이해하는 것은 장기적으로 마음의 지구력을 키우는 데 도움이 되리라 믿는다. 그러나 급격하게 타오르는 화를 이성적으로 이해하며 소화한다는 것은 여간 수행이 되지 않고 서는 쉽지 않다.

  그래서 비상약처럼 응급으로 활용할 수 있는 방법을 제시해 본다. 이것은 경험을 통해서 효과를 볼 수 있었다는 것을 간증처럼 알린다.
  그것은 바로 복식호흡법이다.
  길고 천천히 복식호흡을 하면 부교감 신경계가 활성화되는 대신, 교감 신경계가 비활성화 되어 긴장이 풀리게 된다. 단식 호흡은 폐의 일부만 채우는 데 비해 복식호흡은 폐 밑바닥까지 채우며 충만한 느낌을 준다. 경직된 마음조차 완화해주는 이 복식호흡은 부작용도 없고 비용도 들지 않는 전천후 긴장 완화 수단이다.

4
...

분노의 불길이 일어나면
우선 감정에 찬물을 끼얹어라

선불교 스승이며 평화운동가인 틱낫한은 분노를 불 난 집에 비유했다.

"집에 불이 나면 가장 먼저 우선 불을 꺼야 한다. 급한 불은 끄지 않고 방화범을 추격할 겨를이 없다. 분노에 대한 가장 현명한 대처는 타오르는 불길에 찬물을 끼얹는 것이다."

문제해결의 우선순위를 말하고 있다. 이것은 마치, 산속에서 독뱀에 물렸을 때, 해독을 위해 병원을 찾아야지, 분풀이를 위해 산속으로 독뱀을 찾아 나서는 어리석음, 혹은 사다리를 타고 지붕을 오를 때 밑에서 개가 문다고 해서 오르던 사다리를 내려와 개를 발로 차는 것과 같은 두서없는 어리석음을 경계하라는 교훈을 일깨우는 것이다.

우리 마음에 화, 즉 분노가 일어나는 순간 찬물을 끼얹는다는 것은 무엇인가?

감정의 불길이 순식간에 크게 번지면 나도 남도 모두 태워버린다. 그러니 감정의 불길에 휩싸이기 전에 우선 모든 생각과 행동을 멈추기 위해 마음속에서 '일시 중지'버튼을 눌러 마음속에 화재가 번지기 전 초기에 진압해야 한다.

그러기 위해서는 언제 어디서나 사용할 수 있는 호흡을 이용한다. 천천히 깊은 호흡을 통해서 경직된 몸이 이완되고 흥분된 마음이 리셋 되는 것을 말한다. 호흡에 집중함으로써 방황하는 생각을 붙들고 요란한 내면의 감정을 잠재우는 것이다. 호흡명상을 통해 불안이 완화되고 긍정적 감정이 증진된다는 것은 이미 과학적으로도 입증되고 있다.

심호흡하면서, 마음속으로 천천히 숫자를 30까지 세어본다. 그다음, 천천히 공기가 몸속 장기로 깊숙이 그리고 끝까지 흡입되는 과정과 배출되는 과정을 감각으로 느껴보는 것이다. 그 과정을 몇 번 반복하면서 우리의 몸과 마음이 신속하게 안정을 찾는 것을 느낄 수 있다.

호흡을 통해서 명상으로 들어간다

명상과 과학의 공통점은 관찰이다. 똑같은 현상이 지속적으로 반복해서 관찰되는 것을 과학에서는 법칙이라고 한다. 한편, 관찰을 통해서 혼란스럽거나 들뜬 마음을 잠재우고 긴장된 몸을 이완시키며 주의 집중하는 것을 명상이라고 한다.

보행명상은 천천히 걸으면서 지면에 닿는 발바닥의 느낌을 관찰하여 느껴보는 것이다. 그 느낌에 집중하는 동안, 몸과 마음이 안정을 찾아 흥분된 상태가 원래대로 리셋 되면서 과대망상 속에서 빠져나오는 것이다.

불같이 일어나는 분노를 잠재우는 방법으로 이 명상을 이용해 보라. 언제 어디서나 쉽게 활용할 수 있는 방법이다.

명상은 나를 괴롭히는 복잡한 생각의 소용돌이 속에서 빠져나와서 마치 유체 이탈하듯, 제삼자의 시각으로 감정적 해석을 배제한 채, 있는 그대로 바라보는 것이다. 메타인지 하듯 내 속에서 일어나고 사라지는 번뇌 망상 자체들을 조용히 바라보는 것이다. 떠오르는 잡생각이나 감정의 파편들은 내 몸의 일부가 아니기 때문에 조용히 지켜보고 있으면 스스로 사라지는 것을 관찰할 수 있다. 이런 것을 소위 '마음 바라보기', '생각 알아차리기'라고 부르기도 한다.

5

...

분노와 자포자기

우리는 불합리하거나 불공정한 모습을 보면서 분노한다. 그 배경에는 억울함이라는 불편한 생각이 뇌를 자극하고 있기 때문이다. 그래서 분노를 시작하지만, 그 분노가 아무 소용이 없고 오히려 그 결과 상처만 계속 입을 뿐이라는 허탈감을 여러 번 반복해서 느끼게 되면서 자포자기 모드로 변한다. 어쩌면 아무 소득 없는 일에 에너지가 낭비되어서 고갈되지 않으려는 생명의 당연한 의욕 차단 반응인지도 모르겠다.

이 말은 논리적으로 맞는 것 같지만 현실적으로는 맞지 않는다.

왜냐하면 우선, 불합리하다거나 불공정하다는 기준이 이기적이고 편향된 내 기준일 수밖에 없기 때문이다. 팩트만 잘못된 것이 아니라 평가도 잘못될 수 있다는 것이다. 이것은 자기 수행과 객관화를 통해서, 그리고 부분이 아니라 연결된 전체를 볼 수 있는 깊고 넓은 안목이 생기면 어느 정도 이해되고 해소될 수 있다. 그것은 드러난 현상의 문제가 아니라 수정이 가능한 내 인식의 문제이기 때문이다.

그러면 어찌할 수 없는 거대한 세상의 흐름을 어떻게 봐야 하는가?

한마디로, 불균형하고 불평등한 게 인생이다. 그래서 그것을 균형 잡으려고 하고, 공평하게 하려는 심리가 무언가 열심히 해보려는 근거가 되고 동기 유발이 되는 것이다. 또 그것이 삶이 묘미이기도 하다. 생명 활동 자체가 가만히 정체된 것이 아니라 방향성을 지닌 움직임이기 때문이다.

전혀 움직임이 없는 물에는 생명이 살 수 없다. 고여만 있는 물은 썩기 때문이다. 중후하게만 보이는 거대한 바다도 매 순간 일어났다 사라지는 파도로 뒤덮여 있으며 수면 아래에는 흐름과 용트림이 있다. 불균형이 생기고 또 균형을 잡으려는 물리적 움직임이 지속되고 있다. 그래서 움직이는 각종 생명이 그 속에서 무기력하지 않고 살아서 성장하는 것이다.

그러니 지금 내가 처해있는 현실이 어떠하든지 그것이 세상 돌아가는 총체적 원리라고 생각해라. 오르막길이 있으면 내리막길이 있고 내리막길이 있으면 오르막길도 있는 것이 등산코스에만 있는 것이 아니라 인생 여정에도 있다는 것이다. 그래야 다이나믹한 삶의 경험을 통해 성장할 수 있기 때문이다.

평생 분노하면서 살 수는 없다. 분노한다고 모든 일이 해결되지도 않는다. 현실의 모습이 내게 불합리한 세상으로 보일지라도 현실을 있는 그대로 인정해보라.

그러면 분노가 아닌 다른 답이 보인다. 답이 보이면 자포자기에서 벗어날 수 있다.

6
...

상대의 막말을
가슴에 품지 마라

감정이 최고조로 격화된 상태에서 던져진 막말은 비수처럼 내 마음에 꽂히기 쉽다. 소리의 옥타브에서 최고조로 위에 있는 소리가 곱지 않게 날 때는 찢어지는 소리만 기억되기 때문이다.

서로 언쟁하다 보면, 사람과 사람이 대면하는 것이 아니라, 격한 감정이 사람의 대리전을 할 때가 많다. 처음에는 대화로 시작되었던 것도 감정이 감정을 자극하면서 처음 시작할 때의 차분한 의도는 어느새 실종되고 최고로 고조된 감정 덩어리들이 칼춤을 추게 되고, 마음에 없었던 오기의 말폭탄을 서로가 무자비하게 던져 버린다. 그래서 애당초 사람의 말은 실종되고 짐승의 말만 판을 친다. 감정 통제가 되지 않기 때문이다.

말싸움은 전쟁이라기보다는 전투에 가깝다.

전쟁과 전투는 엄연히 다르다. 전투는 부분이고 전쟁은 전체다. 그래서 전쟁은 어느 한 지역에서 이기는 것이 최종목표가 아니다. 모든 전투가 끝난 시점에서 종합결산했을 때 최종적으로 이기는 것을 말한다. 모든 전투에서 이기는 전쟁은 없다. 그러기에 전투에서 이겨도 전쟁에서 지면 소용이 없다. 어느 한 전투에서 이겨도 결과적으로 전쟁 전체에서 질 경우도 있는데 이것은 소탐대실이다.

가장 좋은 전쟁은 싸우지 않고 이기는 것이고, 그다음은 이겨 놓고 싸우는 것이며, 그다음은 자신의 피해를 최소화하면서 승리하는 것이다. 물론 전쟁 자체를 하지 않고 화평할 수 있다면 그것이야말로 가장 좋은 것이라는 것은 두말할 필요도 없다.

그런데 여기서 막말의 대결 전투는 지휘통제에 따르지 않는 무모한 싸움과 같다. 왜 싸우는지도 모르는 채 죽기 살기로 싸움질하는 닭싸움과 다르지 않다. 전쟁에 지휘관이 있듯이 전투에도 지휘자가 있다. 지휘 통제에 따르지 않는 제멋대로의 싸움은 결국 패전으로 가는 길이다. 설령 싸움에서 이긴다고 해도 그 상처가 치명적일 수밖에 없다.

싸움에는 말(䛉)싸움도 있고, 몸싸움도 있고, 권력 싸움도 있고, 돈 싸움도 있고, 머리싸움도 있다. 그런데 극한의 감정과 오기가 발동하면 개싸움으로 변해버린다. 독인 줄 알면서도 마셔버린다. 죽는 줄 알면서도 불구덩이로 뛰어든다. 목적을 상실한 무모함의 극치다. 사람이 감정을 관리하지 못하니 감정이 사람을 끌고 다닌다. 사람이 싸우는 게 아니라 전투 말(馬)들끼리 싸운다. 그 위에 타고 있는 사람은 정작 말(馬)에 끌려다니는 형국이니 그야말로 주객이 전도된 전형적 모습이다.

감정 덩어리 막말과 평상심을 구분하라.

평생 싸움을 전혀 하지 않고 백년해로하는 부부는 거의 없다. 문제는 작은 말싸움에 감정이 덧입혀지면서 큰 싸움으로 번지기도 하고, 심지어는 돌아오지 못할 강을 건너는 경우도 허다하다. 그래서 결국 별거하거나 졸혼 또는 이혼하여 독신으로 살아가는 경우가 점점 늘어나고 있다.

이런 경우, 상대가 던진 막말을 가슴에 품은 채 나 홀로 '잠 못 이루는 분노의 밤'을 지새우며 괴로운 나날을 보내는 경우가 있다. 그런데 이것이야말로 어리석음의 극치. 극단적인 상상에 놀아나는 무명(無明)이다. 악몽을 꾸면서도 꿈을 깨지 못하거나 꿈인 줄 알면서도 훌훌 털고 일어나지 못하는 환자와 같다.

막말은 비정상적인 상태에서 그냥 집어 던지는 쓰레기다. 약이 아니라 독이다.

왜 독을 계속 재탕해서 마시면서 자신을 스스로 괴롭히는가? 상대의 말을 곱씹으면서 재탕 삼탕 할 즈음에는 상대도 자신을 돌이키며 후회하거나, 그게 아닐지라도 그때의 기억을 잊은 채 평범한 일상이 회복되어 당당하게 살고 있을지도 모르는 일인데 왜 나만 독화살을 계속 가슴에 품고 있다는 말인가?

　가장 좋은 해독제는 용서다. 용서로 가는 지름길은 이해다.

　상대의 그 당시 피치 못할 상황을 헤아리거나 변화된 지금의 실상을 객관적으로 보는 것이다. 용서는 상대가 아닌 내 독을 빼는 것이지 상대를 배려하는 차원이 아닌 것이다. 상대를 위해 아픈 것을 참아주는 것으로 생각하면 이해하기 어렵고 용서하기 어렵다.

　용서해서 내가 먼저 회복되어야 한다. 나 자신이 감정의 늪에서 빠져나와야 거기서부터 악성 관계가 우호 관계로 바뀔 수 있는 최소한의 발판이 마련되는 것이다. 관계 회복이 안 된다고 하더라도 최소한 극단적인 막말을 하던 그 당시 감정의 파편들은 무력화될 수 있다.

제 3 장

불안

1

불안을
에너지원으로 삼아라

불확실한 세상을 살아가면서 불안이 전혀 없는 사람은 있을 수 없다. 불안은 부정적인 것으로 인식되지만, 긍정적인 측면도 있다. 불안이라는 생리기전도 생존을 위한 필요 조건 중의 하나다. 수렵 생활을 했던 우리 조상의 삶 속에서, 애당초 불안은 맹수들로부터 사전에 경계하도록 하여 생존과 종족 보존을 하는데 필수적인 요소였을 것이다.

사실, 언제나 전혀 불안하지 않은 사람은 긴장하며 힘을 쓰지 않는다. 움직이지 않기에 어느 단계에 이르면 도태될 수밖에 없다. 그러기에 더 많은 성과를 내는 사람이 그렇지 않은 사람보다 불안을 더 많이 느끼고 그래서 움직이고 그래서 성과를 낸다. 그러니 불안의 노예가 되어 고통만 느낄 것이 아니라 어떠한 이유로 불안이 생겼는지 불문하고 그 불안을 에너지로 사용하여 성과를 내 보자.

문제는 불안을 어떻게 관리하고 사용할 것인가? 하는 것이다.

　첫째, 불안은 모호하고 불확실한 상태에서 증폭되는 것이므로, 구체적인 일을 만들어서 불안을 에너지로 삼아 그 일을 해보라. 눈에 보이면, 눈에 보이지 않을 때보다 불안은 줄어들 것이다.

　둘째, 감당할 수 없을 정도로 크게 느끼는 불안한 문제를 작고 만만한 일로 잘게 쪼개서 하나씩 해치워라. 엄두가 나지 않던 큰 문제도 잘게 쪼개면 작은 문제들의 집합일 뿐이다.

　이렇게 해서 작고 만만한 것들을 극복한 실적들이 쌓이면 성취감을 느끼며 자신감과 자존감이 붙는다. 성취감이 전혀 없는 불안은 그저 무기력할 뿐이지만 불안에 성취감이 추가되면 그게 또 다른 미래 에너지로 작동한다. 우리의 뇌가 기억하는 성취감은 성취업적의 크기보다 성취 건수, 즉 빈도가 더욱 크게 기억되어 작동한다. 마치 평생 큰 행복 한 두건보다 작은 행복 여러 개를 지속해서 경험한 인생이 더 행복했다는 감회를 남기는 것과 마찬가지라고 하겠다. 가령 여러 곳에 부채가 있을 때, 작은 빚부터 갚으라는 말은 의미가 있다. 작은 성취감이 다음 행동에 동기유발이 되고 희망을 주기 때문이다.

　셋째, 나의 불안한 컨디션을 세상 컨디션과 조화롭게 적용하라. 나 자신이 극도로 불안할 때나 흐리고 우울한 날에 자신을 반성하거나 어떤 결정을 하지 마라. 둘 다 안 좋을 때는 극단적인 선택, 후회할 선택을 하기 쉽다. 처한 상황이 필요 이상으로 크게 느껴지기 때문이다. 흐린 날은 오히려 경쾌한 음악을 듣고, 더 즐거운 대화를 해서 평형을 유지하는 것이 좋다. 상담하거나 대화를 나누는 사람의 상태도 세상 컨디션에 속한다. 누구나 피로하거나 지쳐 있으면 불안 조절 능력은 떨어지기 때문이다.

넷째, 두려운 문제를 과감히 직면하여 내 앞에 있는 행동에 초점을 맞추고 마음을 현재로 가져오는 것이다. 즉 현재 상황과 바로 다음 행동에만 집중하는 것이다. 그러다 보면 왜곡된 사고로부터 증폭되는 과장된 두려움에 빠지는 기회가 줄어들 것이기 때문이다.

막상 부딪혀보면 상상했던 것만큼 두려운 상황을 맞는 경우는 거의 없다. 우리의 상상은 대개 최악의 상황을 떠올리기 때문이다.

2
...

생각 감각을
몸 감각으로 전환해라

불안하거나 절망적인 생각들을 다른 생각을 통해서 중지하거나 변경시키려고 하는 것은 쉽지 않다. 지금 나를 괴롭히는 그 생각에서 '벗어나야지, 벗어나야지, 벗어나야지…' 하고 반복하면 할수록 본래 걱정되었던 그 생각은 오히려 강화된다. '다른 생각을 해야지, 다른 생각으로 돌려야지…' 하며 반복하는 노력도 헛수고가 될 확률이 높다. 한참 졸리고 잠이 깨어지지 않을 때, '일어나야지, 일어나야지…' 하며 몸은 그대로 둔 채 생각만 되풀이한다고 해서 저절로 일어나지 않는 것과 같다. 오히려 몸과 마음이 반대로 작용하는 것은 본래 상태에 대한 집착이 더 강하기 때문이다.

그럴 때 가장 좋은 방법은 생각으로 생각을 돌리려 하지 말고, 몸을 움직여서 국면을 전환하는 것이다. 예컨대 팔 굽혀 펴기를 하던지, 샤워를 하던지, 아니면 산책을 해서 생각의 감각에서 몸의 감각으로 급격히 바뀔 수 있도록 국면을 전환하는 것이다. 그것이 가능한 것은 몸과 마음은 하나로 작동하기 때문이다. '일어나야지, 일어나야지…' 생각만 반복할 것 아니라 그냥 벌떡 일어나는 것이다. 그 순간 국면전환이 되면서 순간적으로 해결된다.

특히 갑자기 싱글족이 되어 홀로 고독한 시간이 많다 보면, 불안하고 염려되는 생각은 꼬리에 꼬리를 물고 점점 최악의 상태까지 상상하면서 가상의 현실을 스스로 만들어 고통받게 된다. 우리의 뇌는 상상과 현실을 구분하지 않기 때문이다. 최악의 상태로 치닫는 우리의 비극적인 상상은 느낌과 생각이 확대되고 재생산된 것이지 전혀 현실이 아닌데도 말이다. 악몽을 꾸면서 꿈속에서 고통받는 것과 다르지 않은 것이다. 꿈속 고통에서 벗어나는 지름길은 꿈에서 깨어나는 것이다. 정신이 아니라 몸이 깨어나는 것이다.

생각과 느낌은 긍정적으로 가는 것보다는 부정적으로 흘러가는 경향이 높다. 그대로 방치하면 최악의 상황까지 몰고 가면서, 불안한 가상 현실을 실제 현실처럼 느끼는 고통에 치닫게 된다. 그러기에 국면전환을 위해서는 몸을 움직여야 한다. 운동을 하든지, 청소를 하든지, 꽃을 심든지, 고요히 생각에 젖을 수밖에 없었던 환경을 바꿔야 한다. 운동을 할 수 없는 밤중인 경우라도 혼자 있기에 타인을 의식할 필요 없이 곧바로 TV 오락프로그램을 시청하는 것도 유용한 방법이다. 사이버 의식에서 실존 의식으로 단번에 전환되기 때문이다.

3

...

생각의 오류를 줄여라

불안을 일으키는 많은 부분이 실제가 아니라 지각된 것에 불과하다는 것이다. 부정적인 감정을 만들어내고 스트레스 반응을 일으키는 직접 요인은 상황이 아니라 그에 대한 해석이고 생각하는 방식이라는 점을 인식할 필요가 있다. 어떤 특정한 상황에서 특정한 기분이 드는 이유는 이에 대한 우리의 해석 때문이다. 그래서 해석의 기초가 되는 생각의 오류를 줄이라는 것이다.

충격적 사건이 닥쳤을 때 우리가 줄여야 할 생각의 오류는 다음과 같은 것들이 있다.

1. 벌어진 상황을 너무 부풀려서 생각하는 것
2. 극단적인 흑백논리에 빠지는 것
3. 모든 것을 내 잘못이라고 자책하는 것

4. 객관적 증거도 부족한데 너무 성급하게 결론 내리는 것

5. 내사(Introjection)된 것을 가지고 자신과 타인에게 의무감(Should 또는 Should Not)을 지우는 것

6. 특별한 사례를 가지고 모든 상황에 일반화해서 적용하는 것

7. 현상에 대해 너무 감정적으로 추론하는 것

8. 긍정적인 것보다 부정적인 것에 편향적으로 확증하는 것

급박한 심리적 상황에서 다음과 같이 자문해 보면서 생각의 균형을 잡는다.

1. 이 상황을 바라보는 또 다른 시각은 없을까?

2. 이 상황에서 내가 취할 수 있는 최선의 반응은 이것뿐인가?

3. 일어날 수 있는 최악의 결과는 무엇일까?

4. 일어날 가능성이 큰 것은 무엇이며 그때 나는 어떻게 대체할 것인가?

5. 상황을 바꾸기 위해서 내가 할 수 있는 현실적 대안은 없을까?

6. 내가 존경하는 그 분이라면 이 상황을 어떻게 해석할까?

7. 생각을 통해서 바라만 보지 말고, 생각 자체를 바라보는 것

4
...

불안을
행동으로 맞서자

미래가 어떻게 될지 걱정된다고 해서 지나치게 많은 생각을 하면 그 속에 파묻혀 오히려 어두운 생각에 물들 수 있다. 일반적으로 생각은 긍정적인 것 보다는 부정적인 정보와 부정적인 상상에 우선으로 주목하는 성향이 있는데, 이것을 부정 편향성이라고 한다.

불안이나 두려움이 사라질 때까지 기다리지 말고 먼저 행동해보라. 그러면 행동 자체가 불안이나 두려움을 줄여준다. 문제에 당당히 직면하여 저항을 극복할 때마다 나의 자신감과 자존감은 어느새 강력한 힘을 가지고 있는 것을 새삼 느끼는 순간이 올 것이다.

사회 심리학자들의 다음과 같은 연구 결과를 참고하면 좋겠다.

1. 정보가 많고 시간이 많을수록 오히려 합리적인 판단을 못 하게 된다
   는 것이다. 옷을 쇼핑할 때 너무 많은 옷을 보여주면 오히려 선택하

기 어렵다. 부동산 중개업소에서 아파트 매매나 전세를 소개할 때도 많은 매물 중에서 2개 내지 3개만 보여주는 것도 이러한 경향을 알기 때문이다.

2. 기쁜 감정은 흩어지는 속성이 있어서 금세 시들해지는 데 반해, 불안하고 부정적인 감정은 뭉치고 파고드는 속성이 있어서 생각할수록 더 강해진다. 그래서 생각을 되새김질하면서 실제상황보다 몇 배 더 부풀려서 느끼게 된다.

3. 생각하지 않으려고 애쓰기보다 행동으로 지우는 편이 좋다. 말은 안할 말을 해서 후회하지만 일은 할 일을 안 해서 후회한다. 행동하지 않음에 대한 후회는 시간이 지날수록 더 커지는 것으로 나타난다. 시간 가는 줄 모를 정도로 어떤 일에 집중하는 순간에는 무엇과도 바꿀 수 없는 나만의 충족감이 있다. 불안해할 겨를이 없기 때문이다.

4. 과거를 회상할수록 뇌는 노화된다. 낡은 기억을 잊기 위해서도 새로운 행동이 효과적이다.

5. 지나치게 생각할 때보다 멍하니 있을 때 뇌가 더 효율적으로 움직인다.

6. 우수한 사람일수록 우수한 사람을 흉내 내서 행동과 사고를 효율화한다.

7. 잘 잊는 사람이나 두루뭉술하게 기억하는 사람이 사고력이 더 높다.

5
...

감정이나 느낌은
강압적으로 눌러지지 않는다

감정이나 감각은 내가 길을 잘못 들어서지 않도록 각종 경고신호를 보내 안전한 길로 인도해주는 시스템 작용이다. 감정에는 두 가지 종류가 있다. 가까이 다가가게 하는 접근 유도 감정과 멀리 떨어지게 하는 회피 유도 감정이다. 전자는 더 안전한 방향으로 갈 수 있도록 그대로 가면 된다고 유도하는 긍정적 감정이고, 반대로 후자는 이대로 가면 위험하기에 피하거나 미리 대처하라고 안내하는 부정적 감정이다. 과거에 있었던 불쾌한 감정이 되살아나는 것도, 불쾌하거나 위험한 상황이 되풀이되는 것을 막으려고 몸이 보내는 경고 중 하나다.

부정적인 감정은 자신을 지키기 위한 예민한 감지기와도 같은 것이다. 환경이 변화하고 뭔가 불길한 일이 발생하면 회피와 대처를 촉구하는 부정적 감정이 밀려온다. 이는 자신을 지키려는 아주 자연스러운 원초적 감정이다. 과거의 기억은 현재 일어나는 일의 문제가 무엇인지 알려주는 힌트인 셈이다. 우리가 당면한 문제로 고민할 때 무의식중에 비슷한 감정에 빠졌던 과거 기억을 찾아낸다. 비슷한 실수를 되풀이할까 봐 불안하다는 뜻이다. 그러기에 인간이 어떤 방향으로 나아갈지 정하는 결정적인 요인은 대부분 감정의 몫인 것이다.

따라서 부정적 감정 자체를 부정할 필요는 없다. 그런 감정을 억지로 억누를 필요도 없다. 사실 억지로 눌러지지도 않는다. 그것은 소변이 마려운 몸의 신호를 억지로 외면하려는 것처럼 무모한 일이기 때문이다. 오히려 중요한 것은 이러한 감정이 일어나는 원리를 이해하고 냉정하게 판단하는 것이다.

뇌는 부정적인 언어를 부정하지 못한다.

예컨대, "눈을 감고 빨간 호랑이를 상상하지 마세요."라고 누군가 내게 말하면 오히려 빨간 호랑이를 더 떠올리게 된다. 부정어를 부정하려면 먼저 그 부정적인 대상을 의식해야 하기 때문이다. 그와 마찬가지로 "불안해 하지 마라.", "긴장하면 안 된다.", "억지로라도 자야 한다."라고 강박적인 의무감을 주게 되면, 오히려 의식은 불안 상태로, 긴장 상태로, 불면 상태로 더 빠지게 된다.

그러면 이럴 때 어떻게 하면 좋을까?

불안하거나 긴장 상태에 있다면, 반대로 "설렌다.", "흥분된다."라고 표현하는 것이다. 말로 그렇게 표현하면 불안이나 긴장은 흥분되고 스릴 있는 즐거움이라는 인식이 생겨나는 것이다. 잠이 오지 않는 불면 상태에 있다면, 반대로 "지금 마음껏 자도 돼.", "그냥 누워서 편하게 쉬어."라고 하며 긍정적인 언어로 자기암시를 하는 것이다. "부담 없이 혼자서 쉬어도 돼.",

"지금이 혼자 있기 최고의 적기야.", "누구에게나 흔하게 주어지지 않는 기회를 마음껏 누려."라고 하며 긍정적인 언어표현을 통해 자기 암시를 하는 것이다. 우리의 뇌는 현실과 상상을 구분하지 못할 뿐만 아니라 부정적인 언어와 긍정적인 언어를 구별해서 작동하지 않기 때문이다.

6
...

삶의 도전은 피하는 것이 아니라
발가벗고 맞이하는 것

   우리의 정신적인 고통은 생각으로부터 출발하여 걱정, 근심, 불안, 초조와 같은 이차적인 고통으로 이어지는 일련의 반복적 흐름이다. 맑았던 거울이 온갖 먼지와 때가 붙어 더러운 거울이 되는 것처럼, 순수했던 감정에 온갖 망상이 꼬리에 꼬리를 물고 절망적 상상 속으로 몰고 가는 것이다. 원래 거울은 때를 벗기면 맑은 것이고, 우리의 감정판도 원래는 순수한 것이 틀림없는 것임에도 불구하고 주객이 전도되는 현상에 빠져서 스스로 허우적거리는 것이다.

   육체적인 공격은 함께 싸워줄 동료가 있을 수 있지만, 정신적 고통은 함께 싸워줄 전우가 있을 수 없다. 은폐할 수 없는 황야에서 나 홀로 대적해야 하는 외로운 싸움이다. 그렇다면 고구마 줄기처럼 덕지덕지 붙어나오는 이 번뇌 덩어리들의 출현과 어떻게 싸워서 이길 것인가? 물리적 실체가 없어 보이지는 않지만, 분명히 나를 힘들게 하는 작용은 있으니

이를 어떻게 극복한다는 말인가?

이를 해결하는 일시적인 방법은 몸을 움직여 생각의 물꼬를 다른 곳으로 돌리는 것이지만, 밤낮으로 잠도 자지 않고 계속 움직일 수는 없는 노릇이다. 결국 정면으로 맞이하면서 극복해야만 할 인생의 과제다.

기도를 통해서, 자기 암시를 통해서, 정신과 의사의 조력이나 약물을 통해서 이를 극복하려 하지만, 그게 만만치 않다. 삶의 모든 시간을 운동만 할 수 없듯, 기도만 할 수도 없고, 의사와 계속 상담만 할 수도 없다. 피할 수 없으면 당당히 맞서는 방법을 찾아야 한다.

실체 없는 상상의 고통은 마치 우리가 영화감상을 하는 동안, 그 내용에 빠져서 슬픔과 안타까움을 느끼거나 손에 땀이 날 정도로 공포와 스릴을 경험하는 것과 유사하다. 이미 정해진 시나리오이지만 그 영화가 마치 현실인 것처럼 착각하면서 그 속에 함몰되는 것이다. 이 함몰 속에서 신속히 빠져나오는 처방으로, 정견(正見) 또는 '알아차림'을 이야기하는 종교적 명상이 있다.

그렇다면, 무엇을 똑바로 보고(正見), 무엇을 알아차리라는 것인가?

지금 영화를 보고 있다는 현실을 바라보는 것이다. 영화를 보면서 슬퍼하고 있는 나 자신을 메타인지 하는 것이다. 영사기가 돌아가서 화면을 비추는 일련의 작동 메커니즘과 작동원리를 온전히 알아차리는 것이다. 꿈속에서 온갖 고통을 받는 순간에 이것이 꿈이라는 사실을 안 다면, 순간 고통은 사라진다. 그렇지만 꿈속에서 스스로 꿈이라는 인식을 하는 것과 스스로 꿈에서 깨어난다는 것은 보통 도가 통하지 않은 이상, 현실적으로 쉽지 않은 일이다.

그러나 상상으로 이어지는 생각에서 깨어나는 것은 가능한 일이다. 그것도 반복적으로 현실을 알아차리는 연습이 된다면, 길이 생기고 익숙해질 수 있다.

어차피, 정신적인 진리와 팩트 앞에서는 요령과 꼼수는 근본적 방법이 아니다. 발가벗고 직면하면서 정면으로 도전해야 할 과제다. 다행스럽게도 정면 대결하는 방법으로 총칼을 사용하는 것이 아니라는 것이다.

내가 생각 속에 빠져서 착각하고 있다는 사실을 깨닫기만 하면 되는 것이다. 한 마디로 자기가 스스로 만들어낸 이야기 덩어리들을 있는 그대로 편견 없이 바라보는 것이다. 망상의 흐름을 차단하면서, 생겨나고 사라지고 또 꼬리를 물고 들어오는 생각의 연결을 해석이나 판단 없이 온전히 바라볼 수만 있다면, 꿈에서 깨어나듯 나를 괴롭히던 생각이 고정된 것이 아니라는 것이 인식되면서 신기하게도 고통에서 벗어나게 된다. 물론 잠깐은 그 잔상이 머리에 남아있어서 약간의 시간은 필요하다.

지금까지 자기를 지배하는 망상 덩어리들의 움직임에서 벗어나는 유효한 처방으로, 그 망상 덩어리들이 생기고 사라지고, 꼬리를 물고 왔다 갔다 하는 움직임들을 실험실에서 실험 쥐들이 움직이는 것을 바라보는 것처럼, 그냥 관찰하는 것이다. 그러면 그 생각의 좀비들은 스스로 사라진다. 빛이 비치는 순간 어둠이 사라지듯이 말이다.

그것이 가능할까? 의심하지 말고 스스로 도전해보라. 그 길을 자주 걸어가다 보면, 길이 생기고 익숙해지면서 나만의 정신적 극복 근육이 생기는 것을 경험하게 될 것이다.

7
···

상상 속 호랑이를
키우지 마라

우리는 꿈자리가 뒤숭숭하거나 불길한 느낌이 진하게 들 때, 이 느낌처럼 안 좋은 일이 일어날 징조 아닌가? 끔찍한 일이 실제로 내게 일어나는 것 아닌가? 하고 불안해할 때가 있다. 불안은 불확실한 상태에서 느끼는 편치 않은 심리적 감정이다. 감정이나 떠오르는 생각이 곧 사실처럼 믿어지는 것이다. 꿈이 아니라 일상에서, 이런 식으로 감정만으로 사실을 유추하는 것을 '감정적 추론'이라고 하는데 대단히 위험스럽고 허무맹랑한 추론이다.

상상 속 호랑이는 종이호랑이다. 내가 만들어낸 허상이고 실체 없는 그림자일 뿐이다.

실체가 없어도 작용은 있을 수 있기에, 그렇다고 믿으면 정신적으로는 그렇게 작용한다. 그래서 일체유심조라는 화두가 많은 세월이 지난 지금까지도 유효하다. 나에게 적대적인 상대의 생각이나 행동에 대해서 그 속에 들어가 보지 않은 이상 어떻게 알겠는가? 실체 없는 허상에 속아 공연히 불안해하는 것이다. 이 느낌이 사실이라고 믿을 근거는 전혀 없다.

그러니 사실과 상상을 분리해라. 내 눈에 실제로 보이는 사실만을 근거로 생각을 재배치하라. 엄밀히, 내가 접하게 되는 현실은 상상하는 그대로 일어날 확률은 거의 없다.

우리의 모든 부정적 감정에 대한 불안의 최종 근거는 죽음에 대한 공포다. 그러니 최악의 상태에 이른다고 해도 계속해서 불안해할 일이 아니다. 죽음 자체에 대한 불안은 의미가 없기 때문이다. 막상 죽음이 우리에게 오면 우리는 육체에서 떠나기 때문에 죽는 순간의 고통은 경험할 수 없다.

두려움을 극복하는 방법 중에는 최악의 상태를 상정하는 방법도 있다. 최악의 상태라는 게 죽기밖에 더 하겠느냐? 그러나 실제로 죽을 상황은 거의 나타나지 않는다. 죽고 사는 것은 하늘의 일이다. 그래서 천명(天命)이라 했다. 내가 걱정하고 책임질 일이 아니다.

너무 걱정하지 마라.

지금 전전긍긍하는 그것도 멀리서 보면 한 점 티끌일 뿐이다. 또 지나고 보면 역시 한 점 티끌일 뿐이다.

우리에게 나타나는 아무리 힘든 상황도 죽음 앞에서는 아무것도 아니다.

"죽으면 죽으리라." 의연한 각오와 다짐으로 자신을 무장한 사람은 일생에 한 번 죽는다. 그러나 불안한 감정의 노예가 되어있는 사람은 일생동안 여러 번 죽는다. 왜 여러 번 죽으려 하는가?

이제, 죽음에 대한 불안을 줄이는 방법을 생각해 보고자 한다.

제 4 장

죽음에 대한
두려움

1
..

죽음에 대한 두려움을
줄일 방법은 없는 것인가?

두려움의 종류에는 공포와 불안이 있다

공포와 불안의 공통점은 무서운 느낌이다. 그러나 공포와 불안의 원인과 현상은 다르다.

공포는 공포의 대상이 눈앞에 있는 것으로서 그 두려움에 대한 순간 강도는 강하지만, 그 대상이 사라지면 함께 끝이 난다. 가령 사나운 맹수를 산중에서 맞닥뜨렸을 때 강한 공포를 느끼지만, 무서워했던 대상이 사라지면 공포도 함께 사라진다.

모든 동물은 공포의 대상 앞에 직면하게 되면 무의식적으로 순간 꼼짝달싹 못하는 얼음 반응이 나타나고, 후에는 도망가거나 방어하거나 대항해서 싸우는 행동 패턴을 보인다. 그리고 공포의 대상이 눈앞에서 사라지면 극단적인 공포는 서서히 사라진다. 생명 보존을 위한 원초적인 기능인 것이다.

한편, 불안은 두려움의 대상이 눈앞에 없다. 즉 불안은 눈에 보이지 않는 불확실성으로부터 온다. 그래서 불안은 공포와 달리 언제 일어날지 모르고, 언제 끝날지 모르며, 또 그 불안이 얼마나 지속될지 모른다. 마지막으로 불안한 상태에서 어떻게 행동해야 할지조차 모른다는 특징이 있다. 대낮 전면전보다 한밤중 기습이 더 불안한 이유가 여기에 있다.

죽음에 대한 두려운 느낌은 엄밀히 생물학적 반응, 즉 공포가 아니라 심리적 반응인 불안이다. 보이지 않고 경험도 없는 죽음은 불확실성에 기인하기 때문이다.

어떤 이는 우리가 죽으면 모든 게 끝난다고 말하고, 어떤 이는 다음 생으로 이어진다고 한다. 차라리 모든 게 끝나는 것이라면 상실과 관계 단절이라는 허무함으로 간단히 정리되겠지만, 죽음 이후에 어떤 과정을 거쳐서 어디로 가는 것인지, 또 어떻게 죽음의 고통을 감내해야 할지 모르는 미지의 두려움인 것이다. 삶에는 경험을 알려주는 선배가 있지만, 죽음에는 경험을 알려주는 선배가 없기 때문이다.

그러나 결론적으로 죽음에 대한 두려움을 줄일 방법은 있다.

2
...

죽음에 대한 불안을
감소시키는 원리

첫 번째, 불안의 원인이 되는 불확실성을 줄이는 것이다.

죽음의 과정을 생성, 소멸하는 물리적인 자연법칙으로 분석하고 이해함으로써, 죽음 자체가 당연한 우주의 흐름이라는 이해의 지평과 안목을 넓히는 것이다. 삶과 죽음이 단절된 별개가 아니라 연속된 한 덩어리라는 것이 인식된다면, 우리는 거대한 우주의 '생명 장' 속에서 변화하는 흐름을 타는 것이기 때문에 오히려 영원한 섭리의 일부로서 존재할 수 있는 것이다. 마치 파도가 끊임없이 생겼다가 사라지는 유연함을 거부하지 않기 때문에 물결의 일부로서 바다와 한 몸이 되어 영원히 존재하는 것처럼 말이다.

두 번째, 보이지는 않지만 강력한 '생명 지킴 의지처'를 마음속에 설정하여 믿고 맡기는 것이다. 육신의 부모가 나를 사랑하듯이 영혼의 근거가 되는 하나님의 선하심을 믿는 것이다.

"그러므로 내일 일을 위하여 염려하지 말라. 내일 일은 내일이 염려할 것이요 한 날의 괴로움은 그 날로 족하니라"(마6:34)

첫 번째 것을 통찰이라고 하고, 두 번째 것을 신앙이라고 부른다.

이 땅에서의 삶이란, 출생으로 시작하여 성장, 노화라는 과정을 거쳐 결국 죽음에 이르는 한정된 시간 속에서 변화 과정을 경험하는 것이다. 모든 변화는 기존 것의 상실을 동반한다. 필연적으로 따라오는 이 상실을 어떻게 해석하느냐 하는 것이 영적인 지혜다. 즉 상실을 단순한 사라짐으로 바라보면서 허무에 빠지는 것이 아니라, 그 속에서 상실되지 않는 가치와 의미와 생사를 담아내는 장구한 '생명의 장'이 있음을 발견하는 안목이다. 인간의 시력이나 청력 같은 육체적 감지력은 다른 동물에 비교해서 떨어지는 대신, 보이지 않는 상위차원을 바라보는 능력이 부여되었으니 그것이 바로 사람이 영적인 존재가 되게 하는 기반이고 은총이다. 이 은총이 주어지지 않은 인간은 없다. 다만 그것을 발견하는 환경과 시간의 차이가 있을 뿐이다.

세 번째, 산 사람과 죽은 사람이 같은 사람이 아니라는 것을 이해하는 것이다.

우선 죽은 사람이 삶을 경험할 수 없듯이 산 사람은 죽음을 직접 경험할 수 없다. 죽는 순간, 사는 동안의 필수품이었던 의식이 사라지면 이미 산 사람이 아니기 때문이다. 우리가 태어날 때, 우리가 어떻게 의식하면서 태어났는지 기억하지 못하는 것처럼 죽음 또한 우리의 특별한 능력을 요구하지 않는다. 돌아가신 인류의 모든 조상도 죽음에 실패한 사례는 없다. 지위고하, 남녀노소, 인종과 관계없이 모든 인류가 죽음에 대한 능력은 공평하기 때문이다.

누구나 죽는다는 사실은, 사는 동안 필연적으로 동반되는 갈등과 부조화를 한 번에 정지시키는 하늘의 장치다. 한 막을 확실하게 마침표 찍고, 다음 장으로 새롭게 시작하는 과정의 연속이다.

이 땅에 한시적으로 사는 동안만 유효했던 다양한 조건들은 사람마다 불공평하지만, 생사 전체에서 주어지는 시간과 공간의 한계는 누구에게나 공평한 것이기에 각자가 억울하거나 불공정한 감정이 있어도 인내하고 극복하며 살아갈 수 있는 근거가 된다. 모든 고통과 갈등에는 끝이 있기 때문이다.

갈등만 있고 죽음이 없는 이 땅에서의 삶을 상상해 보라.

시들지 않는 조화와 시들 수밖에 없는 생화의 가치를 어찌 비교할 수 있겠는가?

3
...

죽는 두려움을 줄이기 위해
불가에서 제시하는 방법

첫째, 무상(無常)이다.

세상에 항상 유지되는 모양은 없다는 것, 즉 내 생명도 당연히 변할 수밖에 없다는 보편적 현상을 인정하는 것이다. 그러니 죽음은 내가 없어지는 것이 아니라, 형태가 변화되고 위치가 변화될 뿐이라는 실상을 인식하는 것이다.

둘째, 무아(無我)이다.

내 몸과 마음도 내 맘대로 되지 않는다는 것, 즉 나의 몸과 마음이 내 것이 아니라는 것을 알면 죽음에 대한 두려움은 줄어든다. 내 것이 아닌 것이 사라지는 것에 대해서는 내 것만큼 예민하지 않기 때문이다.

지금도 세계 도처에서 전쟁과 기근과 사고와 질병으로 수많은 사람이 죽어가지만, 우리는 덤덤하게 느낄 뿐 죽음의 트라우마를 겪지 않는다. 아프가니스탄에서 또는 우크라이나에서 수많은 사람이 죽어가고 여성들이 위험에 노출되고 있는 뉴스를 접해도 우리 마음이 심하게 동요되지 않는 것은 그 당사자들이 내가 아니기 때문이다.

우리의 몸은 물과 공기와 흙의 요소로 구성되어 있다. 그래서 흙에서 온 것은 다시 흙으로 순환된다. 일정 기간 입고 낡으면 버리는 옷처럼 말이다. 그래서 우리의 몸 자체가 근본적으로 고정된 내 것이 아니라는 사실이 절절히 인식되어 순간순간 자각하고 있으면 죽음에 대한 두려움과 상실감은 그만큼 줄어들 수 있다.

셋째, 과거와 미래가 아닌 현재에 집중하는 것이다.

사는 동안에 죽음은 실제가 아닌 우리의 생각 속에만 있는 것이다. 삶은 마지막 순간까지 실제 죽음을 경험하지는 못하고 상상만 하는 것이기 때문이다. 그러므로 과거를 후회하거나 아직 오지 않은 미래를 상상할 것이 아니라 순간순간 현재에 집중하자는 것이다.

넷째, 세상 흐름의 원리는 조건이 관계 맺어지는 원인에 따라서 결과를 불러오고, 그 결과는 또다시 다른 관계 속에서 원인이 되면서 연결된 인과의 고리를 이루어 나간다는 법칙을 이해하는 것이다.

그러면 다른 사람은 모두 사는데 나만 죽는 것이 아니라는 사실도 부가적으로 알게 된다. 세상의 모든 피조물은 커다란 이 우주의 연속되는 인과 원리 속에서만 존재하기 때문이다. 필자의 경험을 부가하자면 군에 입대하여 처음 해보는 유격 훈련이나 공수 훈련을 시작할 때 두려움이 따랐다. 그렇지만 나 혼자가 아니라 동료들과 함께하는 훈련이고 선배들이 동일하게 겪었던 훈련과정이라는 것이 인식되자 강한 훈련에 대한 두려움은 사라지고 덤덤하게 임할 수 있었던 경험이 있다. 죽음도 같은 원리라고 본다.

4
...

일상에서 두려움을
극복한 사례

우리가 월드컵 4강에 진입할 수 있도록 한 공신자로 거스 히딩크 감독을 빼놓고는 이야기할 수 없다. 히딩크가 처음 감독을 맡았을 때 사람들로부터 많은 비난을 받았다. 유럽의 강팀들과의 친선경기에서 계속 졌기 때문이다. 5 대 0으로 완패 당했을 때, 국민들의 원성은 극에 달하기도 했었다.

그런데도 세계적인 강팀들과 계속 시합을 한 것은 무엇 때문이었을까?

그것은 커다란 두려움과 직면하여 두려움에 대한 내공을 쌓기 위함이었다. 앞으로 치르게 될 월드컵 실전 경기에서 필연적으로 만나야 할 팀에 대한 막연한 불안을 직접 경험하게 하는 것이었다.

만약 그 때 강력한 팀들과 직접 직면하지 않았다면, 그래서 강한 두려움을 직면해 보지 않았다면, 그 강팀들과의 월드컵 경기에서 절대로 이기지 못했을 것이다.

직접 만나보지 못해서 보이지 않는 막연한 불안을, 보이는 두려움으로 바꿔 경험해 본 것이다. 두려움을 극복하는 방법으로 그 두려움을 회피하지 않고 직접 만나본 것이다. 어두워서 보이지 않을 때는 불을 켜고 직접 대면해 보는 것이다.

더 큰 두려움을 경험하면 상대적으로 적은 두려움은 더 이상 두려움이 아니다. 우리가 막연히 불안해했던 것들 대부분은 실제상황에서는 거의 일어나지 않는다. 불안에 따른 두려움은 불확실한 상황에서 일어나는 실체 없는 상상이기 때문이다. 그래서 두려움은 어두운 그림자와 같다. 그런데 어두운 그림자는 빛이 가려진 부분이다. 즉 빛의 결핍이 어둠이므로 그림자의 실체는 없는 것이다.

우리 삶의 형태가 예고 없이 급변한다고 해도, 홀로 살아갈 수밖에 없는 상황으로 내몰린다고 해도, 미리 과도하게 불안해할 일이 아니다.

"어둠의 그림자가 오면 당당하게 만나보리라. 실체 없는 그림자 반대편에는 반드시 빛이 있기에 그림자를 통해서 빛의 속성을 알아보리라." 마음속 다짐과 자기 암시를 통해서 정신적 근육을 키워볼 일이다.

5
...

우리는 왜
죽음이 두렵고
인생이 허무한가?

우리는 영원히 살고 싶지만, 그렇지 못해 허무하고 불안하다. 내 생명의 본질을 영원하지 않은 것에서 찾기 때문이다.

바다는 수없이 생기고 사라지고 하는 파도와 각종 물고기를 품고 있지만, 그 파도와 물고기의 희로애락에 빠지지 않는다. 하늘도 변화무쌍한 구름과 바람과 별을 품고 있지만, 그런 것들의 생성소멸에 빠지지 않는다. 바다와 하늘은 이렇게 온갖 무상(無常)한 것들을 품고 있지만, 그것에 빠지지 않고 여여하기에 보다 장구한 유상적(有常的)인 본래의 성품을 유지하고 있는 것이다.

나를 포함한 인간도 마찬가지다.

우리는 끊임없이 생겨났다가 사라지는 생각, 감정, 느낌에 빠지지 않고, 그러한 것들을 있는 그대로 바라보면서 인식할 수 있는 또 다른 능력이 있음을 경험할 수 있다. 메타인지 능력이라고 할 수도 있고, 보다 상위차원의 본질적 생명 바탕이라고 할 수도 있다. 시간과 공간에 지배받지 않는 초월적 인식능력인 것이다.

그 생명의 베이스가 되는 마음자리를 '천심(天心)'이라고 명명해도 좋고, '성령'이라고 불러도 좋고, 혹은 '불성'이라고 불러도 좋다. 이름이 중요한 게 아니라 인식할 수 있는 자체가 중요하다. 자기를 자기 눈으로 볼 수는 없지만, 눈의 기능을 인식할 수 있는 것은 그것이 가능한 또 다른 생명 작용이 존재하기 때문이다.

성경에 기록된 것을 보면, 하나님께서 사람을 처음 만들 때, 피조물인 흙으로 몸을 빚어 그 속에 창조주 하나님의 호흡을 불어넣어 '생령'이 되었다고 기록하고 있다. 그런 논리와 계시로 본다면, 파도가 바다에 연결되어 있듯, 구름이 하늘 안에서 존재하듯, 우리의 생명 자체도 창조주의 호흡과 연결된 작품이다. 그러기에 우리는 영원을 사모하는 본성이 있다. 그러기에 영원하지 않은 흙의 변신, 즉 파도나 구름 같은 몸만 보면 허무할 수밖에 없지만, 창조주의 호흡이 내 생명의 근원인 점을 볼 수 있다면 우리는 허무함에서 벗어날 수 있다. 나는 땅이기도 하지만 하늘이기도 하기 때문이다.

신앙의 의미는 이런 유용성에 있다. 거시적 안목을 작동케 하는 능력, 육체적 죽음의 두려움에서 해방되는 인식, 구름이나 바람이나 파도 같은 생각, 감정, 느낌에 함몰되는 것에서 탈출하는 능력이다. 고통의 한계 인식에서 그 너머의 평안함을 찾을 수 있고, 변할 수밖에 없는 무상(無常)한 피안 현상에서 영원한 차안의 본질을 발견하는 은총을 경험하는 것이다. 그것이 없는 신앙의 모습이라면 목적 자체가 불분명하거나 주객이 전도된 망상의 세계에 빠진 것일 수 있다는 것을 의심해 볼 필요가 있다. 파도는 바다의 전부가 아니고, 구름은 하늘의 전부가 아니기 때문이다.

성경의 또 다른 비유를 하나 더 들어보면, 예수 그리스도(본질)를 바라보면서 바다 위를 걷던 수제자 베드로도 출렁이는 파도(현상)를 바라보면서는 바닷물에 빠졌다. 두려움에 함몰된 것이다. 본질을 온전히 바라볼 안목을 일시적으로 상실했기 때문이다.

휘몰아치는 비구름을 하늘의 전부라고, 또는 끊임없이 생겨나는 파도를 바다의 전부라고 착각하며 두려움에 빠지는 우리는 바로 물에 빠질 수밖에 없는 인간 베드로다.

우리가 싱글로 살면서 맞닥뜨릴 수 있는 극한 상황은 우리의 안목이 색맹에서 벗어날 수 있는 기회다. 경험에 비례해서 안목도 커지고 인격도 성숙하는 것이라면, 이 땅에서의 삶은 지구학교에서 우리가 성숙을 향해 가는 학습 과정이라고 해도 과언이 아닐 것이다. 한 번도 경험해 보지 못한 상황을 직면했는가? 이 또한 한 번도 가보지 않은 길을 개척하는 값비싼 수업을 받는 것 아니겠는가?

집착하지 말고, 겁내지도 말고, 그저 담담하게 받아들이자. 이 또한 지나갈 것이며, 나는 그저 할 뿐, 성공 여부는 내 소관이 아니기 때문이다.

6
...

정자와 난자가 만나서
생명이 시작되었다는 것은 착각이다

우리는 암수의 교배에 의해서 개체 분할이 이루어지고 생명이 시작되었다고 믿어왔다. 그러기 때문에 이렇게 시작된 생명은 생로병사를 거치면서 생명 자체가 소멸한다고 믿기에 허무와 두려움에 빠진다.

그러나 그보다 원초적인 생명현상은 그 이전부터 있었다. 정자와 난자도 그 자체가 생명이다. 정자와 난자가 생겨나는 것도 생명 작용이 있기에 가능한 것이며, 누가 가르쳐 주지 않아도 신묘막측한 교배 프로세스가 생물 종류대로 자연스럽게 작동될 수 있는 그 자체도, 그 바탕에는 원초적인 생명 작용이 있기에 가능한 것이다. 꽃이 피어 수정되고 열매를 맺는 것뿐만 아니라 잎이 돋아나고 줄기가 자라나며 뿌리로부터 필요한 요소들이 흡수되는 일련의 작용 일체가 생명현상이 아닌 것이 없다. 이 일은 각 생물이 의식작용에 의해 의식적으로 되는 것이 아니라 저절로 이루어진다는 점에서 볼 때, 삶은 억지로 사는 것이 아니라 우주에 편만

한 생명 작용에 의해서 저절로 살아지는 것이다.

우리의 생명 활동도 대부분 끊임없이 생겨나고 사라지며 변화하는 의식작용에 의한 것이 아니다. 의도하지 않아도 숨은 쉬어지며, 몸 안의 각종 장기는 자율신경에 의해서 스스로 작동되고 있다. 결심하지 않아도 눈앞에 사물이 나타나면 즉시 보인다. 그 뒷배에는 변하는 단기성 생명 작용을 가능케 하는 여여한 '생명의 장'이 받쳐 주기 때문이다.

닭이 먼저냐, 계란이 먼저냐 하는 논란은 이 같은 광의의 생명 작용에서 볼 때 유치한 논쟁이 아닐 수 없다. 손가락이 손에 붙어있고 손은 몸에 붙어있어서 유기적인 한 몸이라는 것을 알아차리지 못했기 때문이다. 끊임없이 생겨났다가 사라지는 파도가 있는 것은 그 바탕에 바다라는 베이스가 있기 때문에 가능하다는 사실을 망각하기 때문이다.

어찌 보면 생물과 무생물로 구분 지으며 생명현상을 단편적으로 규정하는 것 자체가 인간이 편협하게 정의 내린 것이라고 볼 수 있다. 생물이나 무생물이나 구성하는 분자구조와 근본 요소는 동일하기 때문이다. 그래서 생명 활동이 작동하는 '생명의 장'은 생물과 무생물을 구분하지 않으며, 유기물과 무기물을 구분하지 않는다.

우주가 빅뱅에서 출발했다는 현대 과학의 가설에 근거하면, 우주 자체의 시원은 한 점에서 시작된 것이다. 동물이나 식물이나, 생물이나 무생물이나, 모두 같은 근원에서 출발한 것이다. 그렇다면 빅뱅이 일어나고 질서 속에서 팽창이 지속될 수 있다는 자체가 우연이라고 보기 어렵다. 그 바탕에는 존재의 시원적 원인이 있다고 볼 수밖에 없다. 그것이 각종 생명 활동이 가능케 하는 생명의 제1원인, 즉 총체적인 '생명의 장'인 것이다. 그것을 유일신이라고도 부르고, 다른 한편에서는 불성이라고도 부른다.

거울에 달라붙은 때와 오물을 거울 자체로 착각하지 않는다면 그 베이스가 되는 거울은 처음부터 지금까지 우리를 비춰주는 거울 그대로인 것이다. 그런 의미에서 볼 때, 만물에 처음부터 불성이 있다는 것이나 우리의 생명이 무소부재한 창조주의 호흡에 연결되어 있다는 것이나 일면 상통하는 의미가 있다. 생명을 바라보는 우리 의식의 초점을 조절할 수만 있다면 우리는 불안한 생명현상을 넘어, 불안하지 않은 생명 작용, 즉 생명의 베이스를 볼 수 있을 것이다. 한마디로 가변적인 망상과 불변하는 생명현상을 엄격히 구분하는 것이 관건인 것이다.

그것은 생각으로 추론하는 것이 아니라 있는 그대로 바라보는 원초적 인식 작용이다. 논리로 따져서 결론을 찾아가는 일이 아니다. 안개가 걷히면 사물이 뚜렷이 보이듯, 일체의 망상을 나에게 달라붙은 오물이라고 여겨 배설물처럼 버린다면, 진리는 그대로 우리 곁에 처음부터 있었던 것이다.

'해 아래 새것이 없다.'라는 성경의 말처럼, 진리는 창조되는 것이 아니라 처음부터 곁에 있어도 보지 못했던 것을 발견하는 것이다.

혼자 있는 그 시간은 분주한 일상에서 보지 못했던 진리를 더 선명하게 바라볼 소중한 기회다. 죽음의 공포를 넘어서 편안한 '생명의 장'과 합일하는 역사적 순간의 자리다. 여기에서도 우리는 위기를 기회로 만들 수 있은 절호의 찬스를 잡아보자. 그래서 우리의 의식작용을 영원에 맞춰보자.

제 5 장

무기력
탈출

1
..

일단 움직여라

무기력증에서 해방되기 위해서는 일단 움직여라. 시작이 반이다.

"일단 움직이기 시작하면 삶이 알아서 내 일기를 써줄 것이다."라고 하는 어느 분의 재치 있는 지혜의 말씀이 생각난다. 움직이는 내 삶이 나를 평가하는 역사를 이루어 간다는 뜻이다.

완벽하게 계획을 짜서 움직이려고 하면 평생 못 움직인다. 세상은 절대로 계획될 당시의 상태를 유지하지 않는다. 끊임없이 변하는 게 세상이기 때문이다. 그러니 너무 완벽함을 추구하지 마라. 부분이 완벽하면 전체가 완벽할 것 같지만, 절대로 그렇지 않다. 그것을 '구성의 모순'이라고도 한다.

부분에 너무 집착하면 나무만 보고 숲 전체를 볼 수 없다. 숲을 간과한 채 나무만 붙잡고 골몰하며 가치를 부여하다 보면 나무 자체가 우상이 될 수 있다. 부분이 전체를 가로막는 장애물이 되어서야 하겠는가?

무기력증에서 쉽게 벗어나기 위해서는 이것저것 너무 따지지 말고, 움직여라. 몸이 마음 따라 움직이듯 마음도 몸 따라 움직인다. 몸과 마음을 편애하지 말고 모두 다 배려해주어라. 움직이는 데 엄두를 내지 못하게 하는 것은 자신을 병들게 하는 어리석음이다.

내 앞에 있는 이 길은 바라만 보는 곳이 아니라 걸어가는 곳이다. 자기 성숙을 위한 그 길은 생각만이 아니라 실제로 결단하고 실천하는 자만의 것이다. 그러니 일단 움직여라. 부족한 것은 살아가면서 보충하는 것이다. 계획이 빗나가면 그때 가서 방향을 바꾸는 것이다.

2
...

작은 성공경험이 쌓여서
자신감을 부른다

'사막의 여우'라고 불릴 정도로 사하라 전투에서 맹위를 떨쳤던 독일의 롬멜 장군은 입대 초년 신병을 절대로 큰 전투에 내보내지 않았다. 누구라도 당연히 이길 수 있는 작은 전투에 참여시켜서 우선 승리 경험을 맛보도록 했다. 작은 성공경험, 작은 성취감들이 쌓이면 점차 더 큰 전투에서도 용감하게 싸울 수 있었다는 실증적 사례다. 사자가 자기 새끼에게 이길 수 있는 싸움을 하게 하거나 스스로 사냥할 수 있는 약한 먹잇감을 사냥하도록 연습시키는 것도 바로 작은 성공 경험을 통해 자신감을 불어넣는 가르침이다.

오래전에 필자는 재능기부로 학생들을 가르친 적이 있다. 가르치는 학생 중에서 인성은 착한데 공부 머리는 많이 떨어지는 학생이 있었다. 어느 날 그 학생이 쉬는 시간에 한자를 쓰고 있는 모습을 보다가 즉시 칭찬해 준 적이 있다. "너는 한자 실력이 대단하구나. 글씨도 균형 잡혀 있고!"

그 후, 그 학생에게는 평소에 들어보지 못했던 칭찬의 힘이 크게 작용했다. 청년이 되어 직장에서도 한자와 한문, 그리고 고사성어 전문가가 되었다. 한자를 배우지 않는 세대였기 때문에 한문이 필요한 분야에서 그의 능력이 요긴하게 사용되어, 마침내 다니는 회사에서 그 분야의 일인자로서 인정받으며 삶의 의욕을 살려내고 있는 것이었다. 이렇듯 칭찬 한마디가 가슴에 꽂히는 순간 동기 유발이 되었고, 그와 관련된 작은 성취가 계속해서 쌓여가면서 자신감을 가지게 된 것이다.

경험이 누적되면 우리는 그 일을 잘할 수 있다. 축적된 경험이 전문가의 무기다. 무기력한 상태에서 용기를 잃었을 때는 당연히 성공할 수밖에 없는 작은 일부터 시작해라. 작은 것들의 성공 실적은 자기 효능감과 자신감을 거쳐서 자존감으로까지 이어질 수 있다.

인간의 뇌는 크기가 아니라 빈도를 더 기억한다. 엄두가 나지 않는 거대한 목표 앞에서 질리지 말고, 그 목표를 잘게 나누어라. 크고 어려운 일도 물리학이나 수학처럼 최소단위를 찾는 것으로부터 시작한다. 그래서 그 작은 목표에 대한 성취를 통해 큰 것에 도전하는 용기를 키워가는 것이다.

3
...

외출할 때는
가장 멋진 옷을 입어라

   세련된 외모는 남에게 무시당하지 않는 효과도 있지만, 스스로 자신 감을 느끼도록 작용한다. 혼자 살더라도 집이나 자기 몸을 정돈된 상태로 유지해라. 주변을 깨끗이 청소할 뿐만 아니라 매일 샤워도 하고 남자인 경우 매일 면도를 하면서 어느 때 어느 손님을 맞는다고 해도 당황하지 않을 정도로 청결을 유지하는 것이 좋다. 외출할 때는 가지고 있는 옷 중에서 가장 멋진 옷을 입고 나가라. 그렇지 않을 때와 비교하면 놀라울 정도로 타인과의 만남에서 자신감을 느끼게 되고 일도 의외로 잘 풀리는 것을 경험할 것이다.

   마음뿐만 아니라 겉모습도 준비된 자에게는 행운의 여신이 찾아온다.

   내용이 외모를 결정하지만, 외모도 내면에 분명하게 영향을 준다. 질서 있는 환경이어야 질서 있는 생각이 떠오른다. 필자는 글을 쓸 때, 몽롱한 상태보다는 샤워하고 청소한 후, 개운한 기분과 정갈한 모습으로 커피 한

잔을 마실 때, 더 근사한 주제가 떠오르는 경험을 한다.

지난날 예비군 시절, 사회적으로 제법 그럴듯한 지위에 있던 사람들도 더럽혀진 예비군복을 입고 야전에서 뒹굴며 훈련할 때는 신분에 걸맞은 행동이 잘 나타나지 않는 경향이 있었다. 동물적 본능에 이성이 매몰되는 듯싶었다. 좋은 옷을 입으면 행동을 조심하게 되고, 거룩한 옷을 입으면 추한 행동을 자제하게 한다.

마음이 우울하다고 해서 외양까지 처량해야 할 이유는 전혀 없다.

어두운 마음은 스스로 바꾸기 어렵지만, 밝은 겉모습은 그냥 실천하면 된다.

무기력에서 탈출하려면 무기력한 환경부터 개선하는 것이 첫걸음이다.

4
...

나 자신을 칭찬해라

혼자 있거나 여럿이 함께 있거나 어떤 상황이든 간에, 어차피 내 인생은 남이 대신 살아줄 수 없다. 그러기에 외로움이나 슬픔 속에서 진정 전천후로 나를 위로해줄 사람은 나 자신이다. 스스로 자기 능력과 가치를 깎아내리면 도전 의욕이 상실되고 무기력증에 빠진다. 그런 상황에서 벗어나기 위해서는 홀로 있는 동안에 자신을 스스로 칭찬해라. 유치하다고 생각하지 말고 아낌없이 칭찬해 주어라.

부족해 보였던 내 한 모습이 나의 전부는 아니다. 외모 하나가 나의 전부가 아니고, 목소리 하나가 나의 전부는 아니다. 또 보이는 어느 한 모습도 상황에 따라서 얼마든지 평가가 달라질 수 있다. 영화 속의 주연배우를 보라. 조선시대의 미인과 오늘날 미인의 기준은 많이 다르다는 것을 금세 알 수 있다. 그러니 변할 수 있는 잣대를 가지고 자신을 스스로 비하하고 단정 짓지 마라.

지금의 처지가 불만족스럽고, 살아온 과정이 어두웠을지라도, 나는 과거에 그 상황에서 최선을 다했고, 그런 일이 있었음에도 지금 나는 이전과는 다른 새로운 시간을 보내고 있는 자신을 칭찬해 줄 수 있어야 한다. 나를 칭찬하는 것과 자만심은 엄연히 다르다. 자만심은 말 그대로 나만 잘났다고 생각하는 것이고, 나를 칭찬하는 것은 어제보다 달라진 내 모습을 대견스럽게 여기는 것이다. 내가 나를 대견하게 여기기 시작하면 상대방의 비난에도 좀 더 여유롭게 대처할 수 있다. 내 자존감의 뿌리가 그만큼 튼실해졌기 때문이다.

5
...

내 모습을
있는 그대로 수용하자

  지금 자신의 처지와 환경에서 행복해지고 싶다면, 한참 부족해 보이는 자기 자신을 인정해야 한다. 있는 그대로 받아들이고 마음 편하게 살 것인가? 인정하지 않고 불행하게 살 것인가? 하는 것은 전적으로 자기 선택이다. 열등감이라는 용어를 심리학에 도입한 알프레드 아들러(Alfred Adler)도, 불완전한 자기 자신을 있는 그대로 받아들이는 용기를 가져야 한다고 역설했다.

  스스로 원하는 나와 실제의 내가 괴리되어 있는 만큼 삶이 힘들어지는 것임에도 불구하고, 자기수용이 어려운 것은 자기의 객관적 실체보다 더 근사하고 더 환상적인 자기 모습을 주관적으로 상정하고 그 모습처럼 살고 싶어 하는 욕구 때문이다. 이것이 계속되면 고무풍선이 바람에 부풀다가 한계를 지나치면 터지는 것처럼 자기를 과도하게 인플레이션 할 때, 자아가 분열되고 만다. 그러면 결국 사상누각이 되어 한순간에 무너질 수밖에 없다.

  현실을 있는 그대로 인정하고 수용하면서 부족하지만 가진 것을 기반으로 도전하는 삶의 태도는 성숙과 자유를 향한 지름길이다. 자기수용이라는 것은 맞고 틀리고, 옳고 그름과는 상관없다.

과거의 결핍에서 비롯된 허망한 소망은 과감히 버려라.

이루어질 수 없는 망상의 늪에서 벗어나야만 허공이 아니라 현실의 땅에 발을 딛고 일어설 수 있다. 우리는 과거나 미래가 아닌 지금 주어진 현재를 살아가는 것이기 때문이다. 그런데도 괴로운 과거의 그림자에 빠져 살거나 허황된 미래의 환상 속에 빠져 산다면, 몸은 현실에 존재하는데 엉뚱한 곳에서 방황하며 자기 좌표를 잃고 표류하는 삶을 살 수밖에 없다. 결국 그렇게 살다가 극한의 벽에 부딪혀서야 비로소 때늦은 현실 인식을 하게 되는 것이다. 그러므로 우리는 삶의 방향을 선택해야 한다.

자기 비하의 길을 가면서 현실을 회피할 것인가? 자기 과장의 길을 가면서 현실을 부정할 것인가? 아니면, 현실 그대로를 수용하면서 자기 성숙의 길을 갈 것인가?

인간 자체가 실수하는 존재이고 불완전한 존재라는 것을 인정하는 가운데, 그런 자신을 소중히 여길 수 있는 사람만이 세 번째 길을 뚜벅뚜벅 걸어갈 수 있다.

인간은 누구나 자기가 바라고 상상하는 만큼 똑똑하거나 현명하지 못하다. 더구나 앞날을 정확하게 점칠 수도 없다. 그래서 당연히 실수를 거듭하는 존재다. 그것을 겸손하게 인정할 수 있을 때, 비로소 우리가 완벽해야만 한다는 강박에서 벗어나 자유함을 누릴 수 있다.

제 6 장

부러움과
질투

1
남을 너무
부러워하지 마라

　자세히 들여다보면 가정마다 개인마다 문제없는 집 없고, 고민 없는 사람 없다. 단지 외부에 그럴듯하게 보일 뿐이다. 요즘 SNS에 나타나는 지인들의 모습은 그들의 생활 중에서 선별된 장면이다. 마치 영화의 예고편과 같은 것이다. 예고편은 전 내용 중에서 흥미를 끌 만하고 멋지게 보이는 장면을 골라서 편집한 것이니 당연히 멋있고 화려하게 보일 수밖에 없다. 그들의 삶의 실내용을 다 들여다보면 다 거기서 거기다. 그러니 연출된 모습에 현혹되어 남을 부러워하면서 자신을 상대적으로 더 처량하게 보는 것은 현실과 동떨어진 감상일 뿐이다.

　이 세상에 고민거리 없는 사람은 죽은 사람이거나 정신이상자뿐이다.
　부자와 가난한 자, 잘 난자와 못 난자, 공히 고민거리가 있다. 다만 고민의 종류가 다를 뿐이다. 행복의 조건을 100% 가지고 있는 사람도 없듯, 모든 불행의 조건만을 100% 지닌 채 살아가는 사람 또한 없다. 주어진 조건에 대한 수용 능력 역시 개인마다 다르기 때문에 더욱 그렇다.

우리는 인생의 출발선이 각각 다르다. 그러니 결승점이 다른 것은 지극히 당연하다. 똑같은 잣대로 성공이 평가될 수 있는 인생은 개념 속에만 있을 뿐이다.

싱글 시대를 살면 장점도 많다. 의사결정을 쉽게 할 수 있는 순발력이 좋다. 환경 변화에 민감하게 대처하면서 더 많은 기회를 포착할 수도 있는 것이다.

자신이 지닌 장점과 남과 다른 나의 특징을 나의 당당한 개성으로 인정해라. 당당할 때만이 존재 자체가 별처럼 빛날 수 있다.

2
...

남의 떡이 커 보인다

같은 옷이라도 잘 나가는 사람이 입으면 더 고급스럽고 비싼 것 같은 느낌이 든다. 고상한 직업을 가진 사람이 뽕짝 노래를 부르면 더 인간적인 냄새가 난다. 남에 대한 근거 없는 과대평가 때문이다.

왜 그럴까?

같은 옷, 같은 노래가 틀림없지만, 그것이 더 멋지고 더 귀하게 느껴지는 것은 대상이 우리의 감각에 접촉된 후 우리가 그것을 느끼게 되는 그 사이에 공간이 있기 때문이다. 그 공간에서 좋고 나쁘고, 고상하고 유치하고를 결정하고 판단하는 우리의 가치 인식 작용이 그 대상에 덧칠되기 때문이다.

매체를 통한 광고는 바로 이 점을 파고든다. 똑같은 하청업체 옷임에도 불구하고, 붙여지는 라벨이나 상품 이름에 따라서 그 가치가 전혀 다르게 느껴진다. 유명 메이커 모자나 골프웨어에서 상품 라벨을 모두 떼어놓고 보면, 라벨을 떼지 않았을 때와 그 고급스러움의 차이가 확연한 것을 알 수 있다. 그래서 터무니없이 비싼 패션 상품은 디자인 값이고 이름값이라 하지 않던가? 그 상품을 사용하는 데 따르는 효용가치와는 전혀 관계도 없는 가치를 스스로 만들어서 느끼기 때문이다.

사람은 타인에게 부러움의 대상이 되고 싶은 욕망이 있다. 그래서 실제보다 미화시키고 크게 부풀리는 속성이 있다. 그래서 자존감이 낮은 사람일수록 거짓말이 심하다. 남의 떡이 더 커 보이는 작용을 반대로 이용하는 것이다. 실은 남의 떡이나 내 떡이나 똑같은 떡일 뿐인 데도 말이다.

옛말에 '천석꾼은 천 가지 걱정을, 만석꾼은 만 가지 걱정을' 가지고 산다고 했다. 비교하면서도 질투하지 않고, 걱정이나 불안이나 근심 없는 사람은 죽은 사람뿐이다. 그러니 현실을 있는 그대로 인정하면서도, 남 부러워할 그 시간에 내가 가지고 있는 것의 실질적인 효용가치를 재확인해라. 나만이 독특하게 가지고 있는 가치가 의외로 크다는 것을 발견하게 될 것이다.

3
...

개한테 존경받을 필요는 없다

라이벌 의식으로 남을 지속적으로 뒤에서 음해했던 사람은 음해한 상대가 비참해지는 것을 보면서 승리감을 느낀다. 교활한 근성이 그를 지배하고 있는 한 그는 상대와 악성 관계에 있을 수밖에 없다. 이것은 필자가 겪었던 실존적 사례다.

이렇게 악성 관계가 굳어진 사람이 좋은 관계로 회복된다는 것은 복권에 당첨되는 것만큼이나 쉽지 않다. 타고난 성품이나 오랜 기간 동안 굳어진 그의 악한 업장이 견고해졌기 때문이다. 그러니 그런 상대에게 신경쓸 에너지를 다른 곳으로 돌려라. 그것이 용이하지 않다면 극단적 인식 방법으로 그를 이웃집 개처럼 여겨라. 물론 표현은 하지 말아야 한다.

혼자 싱글로 살면서 외롭지 않기 위해서는 바쁘게 살아야 한다. 또 남의 시선에 정당한 모습을 보이기 위해서는 바쁘되 건전하게 바빠야 한다.

그것도 사회에 유익한 일에 바쁘면 금상첨화다. 그런 방향으로 애쓰고 노력한 결과 사회적 위치나 하는 일이 공적으로 인정을 받게 되는 경우, 악성 관계에 있는 상대가 나를 향해 "혼자 사는 주제에 네가 무슨?" 하면서 인격모독의 말을 했다는 사실을 전해 들었다면 어떻게 대처하는 것이 옳겠는가?

듣기에 따라서는 너무 속상한 말이다. 지금까지 상처받던 사람에게서 계속해서 피해를 보는 것이니 얼마나 속 터지는 일인가? 당장이라도 보복하고 싶은 생각이 당연히 일어나지 않겠는가?

그러나 개한테 보복하려면 '개판 싸움'에 들어가야 한다. 그러려면 나 자신도 개가 되어야 맞서 싸울 수 있다. 그러니 대응해서 보복하기에 앞서 우선 나 자신이 상처받지 말아야 한다. 그러기 위해서는 그의 말을 사람의 말로 듣지 말아라. 개 짖는 소리로 들어라. 또 나 자신이 그에게 부러움의 대상이 되고자 할 필요도 없다. 사람에게도 부러움의 대상이 되거나 시기의 대상이 되는 것을 경계해야 할진대, 더구나 개한테 존경받아서 뭘 하겠는가? '개무시'는 이럴 때 쓰라고 만들어진 용어다.

사람이라고 다 같은 사람이 아니고, 개도 다 같은 개가 아니라는 것을 인식하면서 순간적으로 치밀어 오르는 감정대로 대응하지 말아야 한다. 똑같은 개가 되지 않기 위해서라도 말이다.

개가 사람을 물어뜯으면 평범한 일이겠지만, 사람이 개를 물어뜯으면 뉴스거리가 된다는 점을 기억하자.

제 7 장

상처

1
..

관계에도 안전거리가 있다

같은 종류의 동물이라도 육체적 안전거리가 있다. 그래서 가축 사육장에도 평당 적정한 사육두수가 있는 것이다. 다시 말해, 보이지는 않지만 '소셜 스트레스'가 발생하기 때문이다. 사회학자들이 일정 공간에서 번식이 잘 되는 모든 조건을 갖추고 쥐를 키우는 실험을 했다. 어느 수준까지는 개체수가 급속도로 늘어났다. 그러나 적정 사육두수를 넘어 개체수가 과도하게 늘어나면서 쥐들 사이에 싸움이 잦아졌고, 결국 임신 기능에 장애가 생기고 개체 수는 자연 감소하는 현상을 발견했다. '소셜 스트레스'가 원인이었다.

사람도 대부분의 스트레스는 인간관계에서 비롯된다. 그래서 육체적으로 가까이 있어도 정신적으로 안전거리를 유지해야 한다.

함께 하면 친밀감도 주지만 상처도 준다는 것이 맞는 이치인 듯싶다. 그런데 이 상처는 받았다는 사람은 많은데, 준 사람은 없다는 것이 현실적 특징이다. 가해의식은 없는데 피해의식은 크기 때문이다. 그러기에 상처에 대한 보상과 치유가 어려운 것이다. 그뿐만 아니라 상처에 대한 기억과 되새김질은 감옥이 되어서 자신을 부자유하게 가두어 둘 때가 너무도 많은 것이 현실이다. 의도와 상관없이 상처를 주기도 하고 받기도 하는 것이 삶이다. 오해라고 말하고 싶지만, 결과적으로는 크고 작은 상처를 그도 받았고 나도 받은 것이다. 마음에 시퍼런 멍이 들어있는 것이다. 그래서 어른이 되어서도 어느 한순간 아무것도 아닌 문제에 대해 예기치 않은 반응을 보여 돌아올 수 없는 파국의 씨앗이 되기도 한다.

상처를 누구한테서 받았느냐고 물어보면 부모, 부부, 애인 등 지극히 가까운 사이에서 받았다는 것이 대부분이다. 이는 기대에 비례해서 실망이 크고, 믿음에 비례해서 배신감이 크기 때문이다. 게다가 가까운 사이에서 더더욱 상처받지 않을 안전거리가 필요하다는 것에 무지했기 때문이다.

인간은 자기 생존본능에 따라 위험한 상황에서는 자신을 보호하는 조치를 하는 한편, 사회적 동물이기 때문에 위험하지 않은 상황에서는 서로 교류하는 능력이 있다. 그런데 문제는 균형이 깨지는 데 있다. 균형이 깨진다는 것은 위험한 상태에서 자신을 보호하는 조치를 하지 못하거나 위험하지 않은 상황에서 과잉보호를 하는 것이다.

꼭 필요한 상황에서도 자기 보호를 하지 못하는 것을 착한 성품 때문이라 여기고, 불필요한 상황에서도 자신에 대한 과잉보호로 상대에게 상처를 주는 것을 악하기 때문이라고 하는데 엄밀히 말해 이는 착각이다. 두 가지 모두 착해서가 아니라 약해서 그렇다. 약하기 때문에 상대에게 당당하게 주장할 수 없고, 약하기 때문에 과잉 불안으로 인해 과잉보호하기 때문이다.

착한 성품을 강제로 악하게 하는 것도 악한 성품을 강제로 착하게 하는 것도 쉽지 않다. 그러나 자신이 약해서 그런 것임을 자각한다면 약함을 다양한 방법으로 보강할 수는 있다. 자존감을 키우는 것이다. 자존심이 아니라 자존감 말이다.

뿌리가 강한 나무가 바람에 쉽게 넘어가지 않듯, 자존감이 강한 사람은 웬만한 도전에 상처를 입지 않으며, 남을 부러워하거나 시기하는 마음도 덜 일어난다. 이 대목에서 앞서 언급한 작은 성공 실적을 떠올려본다. 작은 성취감의 실적들은 자신감을 느끼게 하고, 그 실적들이 보람 있거나 가치 있는 것이라면 자신의 존재가치가 높다고 느낀다. 자존감이 강화되는 것이다.

2

...

뇌의 감정반응은
진실 여부를
따지지 않는다

뇌에서 감정 호르몬이 발생하는 메커니즘은 사실과 상상을 구분하지 않으며, 또한 신체적 위협과 심리적 위협도 구분하지 않는다. 인식되는 느낌에 따라 같은 부위에서 동일하게 작동하기 때문이다. 우리는 꾸며진 드라마나 영화를 보면서 실제상황인 것처럼 슬픔이나 분노를 느끼는 것을 경험하면서 이를 쉽게 알 수 있다.

연구 결과에 따르면, 불안이나 분노 등 스트레스로 인해 나타나는 정신작용의 원인을 분석한 결과, 어떤 사실이나 상황 자체에서 직접적으로 비롯된 것보다는 이미 주어진 상황에 대해 생각하는 방식이나 해석이 더 크게 영향을 미친다는 것이다.

왜 그럴까?

이미 주어진 상황이나 사건 자체를 나 자신이 바꿀 수는 없다. 그러나 그것에 대한 의미부여나 해석의 방향은 내 눈높이와 성숙도에 따라서 천차만별로 달라질 수 있다. 즉 반응을 달리할 수 있다는 것이다.

첫 번째 직면하게 된 사건이나 상황 자체를 불가에서는 1차 화살이라고 하고, 1차 화살에 대한 우울한 해석이나 부정적 의미 부여를 2차 화살이라고 한다. 그러니 1차 화살은 어쩔 수 없더라도 2차 화살까지 맞아서 상처를 두 배로 키우지 말라는 이야기다. 지나간 억울한 사건 기억을 되새김질하면서 분노 감정을 지속해서 받는 것은 실제 사건 분량보다 몇 배로 키워서 상처받는 자해행위다. 위에서 언급한 드라마처럼 기억이나 상상이 나를 괴롭히고 있는 것이기 때문이다. 또 기억을 되풀이하면서 분노 호르몬을 계속 만들어 내는 것은 2차, 3차, 4차 화살을 계속해서 자신을 향해 쏘아 대는 자학 행위일 뿐이다.

이렇게 사실 내용이나 크기와 상관없이 정신작용이 일어난다는 점에서 반대로 긍정 효과의 사례도 있다. 그것이 소위 '플라시보(placebo)' 효과라는 것이다. 실제 효과가 없는 녹말, 생리식염수 등의 '속임 약'을 특정한 유효성분이 있는 것처럼 위장하여 환자에게 투여했을 때, 환자가 도움이 될 것이라고 믿고 복용하면 실제로 병세가 호전되는 현상이다. 정신상태에 영향을 받기 쉬운 질환에서 특히 효과가 있다. 이렇게 뇌는 복용한 약의 진짜 여부를 따지지 않고 그렇게 믿음으로써 그 효과가 예상되는 방향으로 뇌가 작동하는 것이다.

내 생명이 위협을 받을 때 생기는 긴장이나 절박한 생각은 원래 위험한 상황에서 우리를 생존케 하는 경보시스템 기능과 순간적으로 비상 판단을 해서 위협에 맞서 싸우거나 신속히 도망치게 하는 기능인데, 위협을 과대하게 감지하고, 실제보다 더 심각하게 해석하여 필요 이상으로 반응함으로써 쓸데없이 자신을 지치게 한다. 마치 우리 신체나 장기에 나타나는 자가면역 증세처럼 비정상적으로 과다하게 반응하거나 착각해서 반응함으로써 스스로 병을 일으키는 것이나 유사하다고 하겠다.

특히 갑자기 불안정한 싱글 상태에 있을 때는 분노나 불안 등 일시적으로 감정조절 장애를 겪을 수 있는데 이러한 감정반응 메커니즘을 사전에 인식하고 있다면 혼란 상태에서 좀 더 쉽게 빠져나올 수 있을 것이다. 머리에서 느끼는 행복은 무엇을 하느냐보다 무슨 생각을 하느냐가 더 중요하기 때문이다.

제 8 장

험담과
구설수

1
..

혼자 살 때 따라붙는
구설수

아내와 별거 중인 P 씨에게 예상하지 못했던 난제가 생겼으니 그중의 하나가 구설수다. 사람을 도구처럼 이용하다가 버릴 때는 재기 불능할 정도로 밟아버리는 사람을 권력형 '소시오패스'라고 하는데, 그동안 도움 받던 관계는 오간 데 없고, 상대의 슬픔을 안주 삼아 이상한 쾌락을 즐기는 '나쁜 관계인'에 대한 일방적 피해 이야기다.

P 씨는 아내가 떠난 외로움을 극복하기 위한 출구를 남들처럼 술이나 남녀 이성 관계로 접근하지 않았다. 손자 손녀가 있는 두 아들 가정에 조금이라도 명예롭지 않은 부모의 흔적을 남기고 싶지 않은 이유뿐만 아니라, 그동안 부부관계에서 아내로부터 받은 의부 트라우마 탓에 겁도 나고, 더 이상 동일한 상처를 반복해서 받고 싶지 않았기 때문이다. 그래서 선택한 것이 지금 귀촌해서 사는 그 마을에 재능 기부하는 사회참여 동호회 활동이었다. 그것도 스스로 찾아간 게 아니고, 새로운 인재를 찾고 있던 어느 단체에 있는 선배의 수차례에 걸친 권유를 받아들인 것이다.

P 씨는 선배 위원들과 서먹하지 않기 위해 의도적으로 적극성을 보였다. 그런데 그것이 문제가 되었다. 그 위원들 중에는 오래전에 남편과 사별하고 혼자 사는 한 여성위원과 범상치 않은 관계로 가까이 지내는 J 위원이 있었다. J 위원보다 젊고 활동적인 P 씨가 같은 공간에서 함께 활동하는 위원이 되었으니 라이벌 의식을 느낀 J 위원의 음해와 비열한 뒷담화가 지속적이고도 교묘하게 이어지는 것이 어찌 보면 당연한 것이었는지도 모른다. 평소 P 씨에게 좋은 관계처럼 연출하며 자기 이익만을 취해오던 J 위원은 바로 전형적 소시오패스였던 것이다.

싱글로 사는 P 씨가 억울하게 당한 구설수와 명예훼손 등은 형사처벌도 가능할 정도로 심각한 것이었다. 가정적으로도 있을 수 없는 피해를 보고, 그 억울한 심정을 감추며 사는 P 씨의 삶을 바라보며 필자의 마음은 한없이 슬펐다.

P 씨를 향한 이들의 악의적인 공격은 마침내 거짓 증거를 만들어내는 지경에 이르렀으나 실패하고 말았다. 거짓이 드러났기 때문이다. 명예훼손, 불륜, 증거 조작 미수범의 피해자 P 씨는 가해자에게 복수하고 싶은 마음도 들었지만, 차마 그 내용을 공개할 수 없었다. 이렇게 금방 탄로 날 수밖에 없는 코미디 같은 모함 증거를 밝히는 순간, 동참했던 가족마저 정신 치료를 해야 하는 사람으로 분류될 수밖에 없기 때문이다. 모 방송에나 나올 법한 황당한 상황을 직면하면서도 아무 일 없는 듯 싱글의 삶을 견디며 살아내고 있는 P 씨의 쓰러지지 않는 삶의 버팀목은 과

연 무엇인지 궁금함을 넘어 경이로웠다. 화병이 날 수밖에 없는 억울한 사실이 많지만, P 씨가 공개를 원치 않아 더 깊은 이야기는 독자들의 상상에 맡긴다.

이런 현상은 싱글로 살 때, 이렇게 치졸하기까지 한 엉뚱한 음해공작에 쉽게 노출될 수 있는 사례다. 누구나 이런 함정에 빠지면 이성적 판단을 견지하기가 쉽지 않다. 오해에 대한 해명이나 억울한 것에 대한 응징도 다 때가 있어서 그 적기를 놓치면 '옳고 그름'은 사라지고, '네 편 내 편'과 '자기 이권'만이 작용하는 것이 혼탁한 이 세상의 모습이기 때문이다.

그렇다면 이런 황당한 상황들을 어떻게 직면하고 어떻게 해석하며 행동하는 것이 자기 자신을 지켜내는 현명한 방법일까?

2

...

그러거나 말거나

내 행복이 타인의 손에 놀아나지 않기 위해서는 남의 험담이나 억울한 소리에 놀아나지 말아야 한다. 그러기 위해서는 동네 개가 멍멍 짖던, 망망 짖던, 아니면 늑대 소리를 내던 그냥 개소리로 들어라. '그러거나 말거나' 개무시하라는 이야기다.

주위 사람들이 나에 대해서 앞뒤가 맞지 않는 음해를 하거나 격에 맞지 않는 표현을 한다면, 그건 그 사람이 병든 것이지 내 잘못은 아니지 않은가? 그 사람의 저속한 인격 때문에 왜 내가 영향을 받아야 하는가? 영향을 받지 않기 위해서는 그들의 '개판 프레임'에 말려들지 않는 것이다.

영악스럽지 못하고 거절하지 못하는 성품을 지닌 사람들이 뒤늦게 현실을 바로 보며 후회하는 경우를 종종 볼 수 있다. 착해 보이거나 약해 보이는 사람에 대하여 힘에 부칠 정도로 희생하는 것을 당연하고 옳은 것으로만 생각한 결과다. 결과적으로 보면, 자기 자신에 대해서 무책임한 것이다. P 씨의 경우도 상식적으로 이해되지 않는 충격적 배신의 모습을 지금처럼 처절하게 당해보지 않았더라면, 앞으로도 계속해서 잘못된 신념에 따라 엉뚱한 대상을 존경하거나 자기 착각 속에 자기 삶을 고갈시킬 것이다. 선천적으로 결단성이 부족한 P 씨에게는 지금의 황당한 상황이, 착각의 늪에서 이제라도 빠져나올 수 있도록 하늘이 부여하는 비상한 기회의 선물이 된 것이다.

아직 이 시대는 혼자서 싱글로 사는 비율이 낮기 때문에 혼자 살게 되면, 호사가들의 입방아에 올려질 수 있다. 그래서 자존감이 약하면 그들의 사려 깊지 않은 언행으로 인해 상처받기 쉽다. 싱글 가족이 급속도로 늘어나고 있는 상황에서 혼자 사는 것 자체가 부끄러워할 일은 아니다. 빠르거나 늦거나 시기가 다를 뿐 언젠가는 그들도 대부분 홀로되는 시기가 온다는 사실을 인지할 필요가 있다.

사실, 타인의 시선은 자신이 생각하는 것만큼 중요하지 않다. 그들도 각자 자기 살아가기 바쁜 세상이다. 남의 일에 지속해서 관심 두고 신경 쓸 여유가 없다. 그러니 스스로 타인의 시선을 의식해서 위축될 필요가 전혀 없다. 헛소문이 당장 억울하다고 해서 묻지도 않는 남에게 일일이 찾아다니며 "선은 이렇고 후는 저렇게 되었노라." 하고 오해되는 내용을 해명할 필요조차 없다. 그러면 오히려 헛소문이 진짜 사실처럼 왜곡 인식될 확률이 높아지기 때문이다.

인간의 성품은 천층만층이다. 그중에서도 소수지만 특히 유별난 종류의 인간은 항상 구색을 갖춰서 존재한다. 악독하거나 파렴치하거나 부끄러움을 모르는 사람들이다. 이들과 관계를 맺는 사람들은 늘 손해를 보는 경우가 비일비재하다. 그러니 관계하는 모든 사람에게 잘 보일 필요도 없으며 그렇게 될 수도 없다.

여러 차례 경험을 통해서 악성 관계라고 판단되면 그자를 더 이상 가까이하지 마라. 그 에너지를 그가 아닌 다른 사람에게 쏟는 게 낫다. 만나는 모든 사람이 절친일 필요도 없고 절친이 될 수도 없는 것 아닌가? 혹시 다른 사람을 공격함으로써 자기 존재감을 드러내려 하는 사람이 있다면 그를 무시하는 것이 그에게는 최악의 처벌이다. 그의 내면에는 드러나지 않는 열등감이 반대로 작용하고 있기 때문이다.

인간관계를 재편해라. 악성 관계를 일부러 마주칠 이유는 없다. 타인과의 대화 속에서도 그자와 관련된 내용은 꺼내지도 듣지도 마라. 직접적으로 험담을 되갚아주지는 않더라도 악성 관계의 사람과 더 이상 엮이지 않겠다는 의지를 행동으로 보여줄 필요가 있다.

3

...

무례한 사람은 무시해라

기본적으로 예의 없는 사람은 그 사람이 어떤 지위에 있건 어떤 것을 가졌건 간에 멍청하다고 간주해라. 자기 행동으로 인해 상대의 기분이 어떻게 바뀔지 모른다는 것 자체가 멍청하다는 증거다. 만약 그걸 인식했음에도 일부러 그런 것이라면 그건 선전포고와 다름없다. 싸우겠다는 것이다. 예의가 없다면 상대는 멍청하거나 나와 싸우겠다는 것 둘 중 하나인 것이 분명하다.

멍청하면 상대할 필요가 없으니 무시하면 되고, 싸우겠다고 하면 싸울 가치가 없으니 무시하면 된다.

말 섞을 가치가 없는 상대는 애초에 상종하지 말라는 의미다. 비록 상대가 나와 아주 다른 생각을 가졌다고 해도 예의가 있다면 상대해라. 그건 내 예의다. 하지만 서로 생각이 같아도 예의가 없다면 그냥 무시해라. 그런 사람은 상대해 봐야 좋은 결말이 안 나온다. 아무리 똑똑한 척해도 예의가 없다면 멍청한 것이다. 예의는 지능의 문제다.

외로움을 감내하면서까지 혼자 살 때는 자유로움이라는 장점을 누리기 위해서 아닌가?

그런데 의미도 재미도 예의도 없는 멍청이와 엮일 필요가 있겠는가?

멍청이가 아니라면 나와 싸우겠다고 접근하는 사람과 일일이 상대할 필요가 있겠는가?

한참 앞에서 쏟아지는 먼지비를 쫓아가서 맞을 필요야 없지 않겠는가?

그런 인간관계 역시 피해야 할 악성 관계다. 멍청하면 엮인다.

4
...

독신 생활도 정상적인 삶의 모델이다.
싱글들이여, 가슴을 펴라

별거 생활이나 독신 생활 또는 이혼, 졸혼을 일부러 장려할 필요는 없지만, 그렇다고 해서 비난할 일도 아니다. 누구나 개인적으로 그렇게 사는 것은 그럴 만한 사정에 따라 최적화된 삶의 모델일 수 있다. 사회가 복잡해지고 수명이 길어지면서 고려해야 할 변수도 그만큼 늘어났기 때문이다. 또 어느 시점에 조건이 무르익으면 회복될 수도 있는 것이다.

세상에 잘나가는 사람 중에도 이혼한 사례는 얼마든지 있다.

세계적인 기업 아마존 CEO 제프 베이조스, 마이크로 소프트 회장 빌 게이츠, 언론 재벌 루퍼트 머독, 영국 찰스 왕세자, 영국 앤드루 왕자, 마이클 조던 등 많은 유명 인사들이 있으며 국내 재벌가의 회장, 사장들의 사례가 그렇고, 방송계 등에서도 거론하면 알 만한 인물들이 수없이 많다. 심지어 인류 구원의 상징 그리스도 예수도 이 땅에서 사는 동안 싱글로 세상을 마감했다. 붙어서 증오하는 것보다는 떨어져서 그리워하는 편을 선택한 경우도 있다.

그 누가 그들에게 돌을 던질 수 있단 말인가?

이 땅에서 줄어들기만 하는 남은 삶의 시간을 미워하면서 낭비할 시간이 없다. 혼자 있는 시간을 통해서 진정한 그리움을 배울 수도 있다. 또 고뇌의 시간을 통해서 의미 있는 시간을 건져 올릴 수도 있다.

인류의 보편적인 가족제도는 고정된 것이 아니었다. 시대 상황에 따라 생존과 종족 번식에 적합하도록 진화되어 왔다.

세상에 피는 모든 꽃이 전부 열매를 맺는 것은 아니다. 씨앗과 열매만 의미 있는 것은 아니기 때문이다. 열매는 열매대로, 줄기는 줄기대로, 꽃은 꽃대로, 잎은 잎대로 다 저마다 삶의 기능이 있고 저마다 고유한 아름다움이 있다.

평생 싱글족으로 살겠다고 결심한 경우나 갈등 속에서 어쩔 수 없이 피난처를 찾아 싱글족을 선택한 경우나 이미 실행에 옮겼다면 후회하지 마라. 후회한다고 맺혀진 상처가 사라진다면 얼마든지 후회하라.

즐거우면 즐거운 노래를 부르면 되고, 슬프면 슬픈 노래를 부르면 되는 것이다. 살다 보면 또 지나가고 지나면 이것도 추억이다. 세월 가면 추억으로 산다는데 내 추억을 다양하고 풍성한 경험으로 쌓아가는 거다.

일상의 사소한 일에 목숨 걸지 마라.

세상일은 멀리서 보거나 지나고 보면 대부분 사소한 일이다.

5
...

레몬과 레모네이드

어려움은 겹쳐서 온다. 난제가 난제를 불러오기 때문이다.

소나기는 기다리며 피하는 것이 상식이지만, 밀려오는 파도는 피할 수도 없고 또 피한다고 해결될 일도 아니다.

인류가 일생을 사는 동안 어려움이 없는 시절은 없었다. 고난을 극복하면서 새로운 삶의 모델을 창조해 왔던 것이 역사의 핵심이다.

파도가 끊임없이 밀려오는가? 서핑을 즐기는 방법을 배워라.

하늘이 당신에게 쓰고 맛없는 레몬(lemon)을 던져 대는가? 그 레몬을 원료로 해서 향긋한 레모네이드(lemonade)를 만들어라.

세상이 당신을 고독한 환경 속으로 밀어 넣고 있는가? 외로움 없이 고독할 수 있는 능력을 키워라. 남들이 경험할 수 없는, 생명의 경이로움을 온전히 맛볼 수 있을 것이다.

보통 사람이 겪어보지 못했던 나만의 세상을 만났는가? 세상이 알지 못하는 사연을 소재로 작품을 만들어라.

유사 이래로 우리에게 감동을 주는 작품들은 평범치 않은 상황 속에서 만들어졌다는 사실을 기억하라. 당신의 운명도 비범한 작품을 만들어내도록 애초부터 창조자의 반열에 속해 있는지도 모른다.

제 9 장

착한 아이
콤플렉스

1
..

착한 아이 콤플렉스

    남에게 싫은 소리를 잘하지 못하는 성격은 자신의 억울함을 상대방에게 표현하는 대신 내면으로 억누르며 스스로 괴로움을 담당하려고 한다. 이런 성품은 자신이 홀로 독거 생활을 하게 되는 과정에서도 역시 당당하게 할 말을 하지 못한 채, 떠밀려서 서글픈 상황 속에 빠질 확률이 높다. 이는 성장 과정에서 체화된 '착한 아이 콤플렉스'의 영향이 큰 것이 주요 인으로 분석된다.

    '착한 아이 콤플렉스'란 타인으로부터 '착한 아이'라는 반응을 듣기 위해 내면의 욕구나 소망을 억압하는 행동을 반복하는 심리적 콤플렉스를 말한다. 특징을 언급하자면 '순종하는 것은 좋은 것', '불순종하는 것은 나쁜 것'으로 단정하는데, 이는 타인의 판단을 절대적으로 내면화하는 것이다. 이렇게 굳어진 믿음은 어른이 되어도 변하지 못하고 고착되어 거기에 얽매인 채 살아가도록 강요당한다. 자신의 솔직한 욕구와 반한다고 해도 타인 눈치를 보며 타인의 요구에 묻지 않고 복종하도록 세뇌된다. 그 결과 자신의 느낌이나 욕구는 당연히 억압될 수밖에 없기에 타인을 향한 투사나 반동형성의 행동이 뒤따르게 되며 내면은 위축되고 우울한 감정이 만성적으로 일어난다. 가령 착하다는 주위의 평가를 늘 받으면서 자란 아이는 정말로 화가 나는 일을 당해도 화를 잘 못 낸다. 자신의 자아가 타인의 평가에 갇혀버렸기 때문이다.

"칭찬은 고래도 춤추게 한다"라는 말이 있는데 그 칭찬은 고래가 계속 맹목적인 춤만 추게 할 수도 있는 것이다. 칭찬은 알게 모르게 조정의 의미도 있고 또 일단은 남의 평가일 뿐인 데도 말이다. 그런 의미에서 획일적으로 복종하게 하는 전체주의는 개인이 아니라 문화나 시스템이 만든 병이다. 조직이나 공동체 같은 사회가 개인에게 강요한 병이다. 가끔 세상에 회자되는 사이비 교주의 전횡이 작동하는 집단처럼 전체주의는 남이 입혀준 옷을 입고 엉거주춤 남의 춤을 추며 사는 것과 같다. 그렇게 세뇌 속에 살아가는 사람의 마음에 진정한 행복과 참된 쉼이 있을 수 있겠는가? 그러기에 취했던 술이 깨면 머리가 아프듯, 세뇌의 늪에서 깨어나면 공황 상태에 이르게 되는 것이다. 평소 자신의 솔직한 생각이나 감정이 표현되지 못하는, 예컨대 의심스럽고 비합리적인 것이 느껴져도, 묻고 답하는 문화가 전혀 봉쇄된 집단에서 쉽게 사이비 이단에 빠지는 것도 평소 질문하거나 반항할 기회가 전혀 없었기 때문이다. 이것은 자신의 솔직한 감정과 의심 또는 분노가 생매장당하며 지내왔다는 결과다.

'착한 아이'가 아니라 '바른 아이'로 키워야 하듯, 충성 멤버가 아니라 바른 멤버가 대접받는 세상이 되어야 한다. 남에게 인정받기 위해 너무 착하다는 틀 속에 자신을 가두며 살다 보면, 어느 순간 자신의 마음속에 지울 수 없는 그늘이 생길 수 있기 때문이다.

어린 시절에는 부모로부터 버림받을지도 모른다는 유기 공포 때문에 부모의 뜻에서 조금이라도 벗어나게 되면 큰일 나는 줄로만 알고 자라게 된 것이 '착한 아이의 비극'이고, 어른이 되어서는 소속되어있는 공동체 동료나 힘 있는 리더에게 왕따당하는 것이 두려워서 자신의 솔직한 욕구를 숨긴 채 마음에도 없는 충성 모습을 보이기도 하고, 더 나아가서는 보스에 저항하는 다른 약자를 향해 보스의 방패나 주구(走狗) 역할을 자처하여 충견의 모습을 연출하기도 하는 것으로 일종의 '알아서 기는 노예근성의 비극'이다.

이렇게 된 원인은 좋고 싫다는 내면의 감정이나 욕구의 소리를 듣는 능력을 갖추지 못했기 때문이다. 어릴 때는 어른의 요구를 쉽게 거절하지 못하고, 성인이 되어서는 타인의 기대에 어긋날 것에 대한 우려로 일탈을 용납하지 않는 정형화된 생활로 스스로 몰고 갔기 때문이다.

착한 아이 콤플렉스에 사로잡히지 않도록 권하는 양육 방법이 결코 '악한 아이'로 키우라는 것이 아니라는 것쯤은 기본적으로 알고 있으리라 믿는다. 자기 자녀가 편향된 굴레에서 불행하게 살기를 바라는 부모는 없을 것이다. 더 나아가서, 우리 인간을 이 땅에 내보낸 영혼의 부모, 즉 조물주가 있다면, 그의 피조물인 우리가 애매한 속박에 얽매여서 불행하게 사는 모습을 바라보며 즐거워하고 보람을 느끼겠는가?

타인과 연합하되 구성원 각자마다 중심을 잃어서는 안 된다. 개인이 건강해야 전체가 건강하다. 보람이 있었든지, 아니면 아쉬웠든지 간에 지난 세월의 흔적을 어떻게 현재의 삶에 교훈으로 적용하여 오늘을 충만하게 채워갈 것인지 하는 것은 이제 우리 각자의 몫이다. 착한 아이 콤플렉스에서 벗어나자.

2
...
착하되 호구는 되지 마라

우리는 솔직히 어느 책 제목처럼, 지속해서 '아낌없이 주는 나무'가 될 수 없다. 내 정체성은 사람이지 결코 나무가 아니기 때문이다. 특히나 갑자기 홀로 살게 되는 처지가 되면 외로움과 허전함을 만회하기 위해서 엉뚱한 사람에게 집착하거나 과도한 친절을 베풀려고 하는 변형된 자기방어기전이 배로 작용할 수 있다.

위에서 언급했듯이 '착한 아이 콤플렉스' 병에 걸리게 되면 지금까지 우상처럼 지켜온 내면의 가치관과 착한 이미지를 유지하기 위해서 불가능한 것조차 제동을 걸지 못하므로 인해서 에너지가 방전되고 회복할 수 없는 탈진상태에 이르러서야 '내가 정말 바보 중에 상 바보구나, 나야말로 헛똑똑이구나…' 하면서 뒤늦은 후회 속에 빠지게 된다. 이런 허망한 후회 역시 '세상에 배반당했다…' 하는 생각으로 무력감과 우울감에 빠지는 주요 원인 중의 하나가 되는 것이다. 착한 사람 증후군은 착한 사람처럼 보여서 자기 열등감을 감추려는 무의식적 반응이다.

착하되 현명하게 착해야 한다.

　타인을 위하면서도 동시에 자신을 위할 수 있어야 한다. 그래야 원원할 수 있다. 왜냐하면 우리는 육체적으로 경제적으로 시간적으로 한계 속에 살 수밖에 없는 상대적인 존재이기에 지속해서 희생만 하면서 살 수 있는 초능력자가 될 수 없다. 인간의 성숙은 선한 하나님을 닮아가는 과정이기도 하지만 인간이 신이 될 수는 없는 존재라는 것을 알고 겸손해지는 과정이기도 하다.

　지속해서 끊임없이 베풀기만 할 수 없는 이유는 또 있다. 그건 바로 보상심리다.
　자신이 베푼 것에 대한 보상이 뒤따르지 않고 있다는 것을 자각하는 순간부터 조금씩 조금씩 이전과는 다른 모습을 드러내게 된다는 것이다. 이제까지 큰 것을 다 내주었으면서도 보상심리에 타격을 받는 순간부터는 작은 것에서도 자기주장을 하게 된다. 쌓였던 감정이 작은 것에서 분출되는 것이다. 잘해주고 스스로 상처받은 것에 대한 반작용인 것이다. 그렇게 되면 계속 받기만 해서 그것이 익숙해진 상대는 '사람이 변했다'라고 판단하면서 서로의 관계는 급속도로 식어간다. 평소에 철저하게 '기브 앤 테이크' 관계로 있던 사람들보다 더 서먹하고 더 멀어질 확률이 높다. 씁쓸하지만 그것이 인간의 솔직한 모습인 것이다. 이것이 잘해주고 상처받는 대표적 사례다.
　세상은 착하고 성실한 것만으로 모든 것이 용서되지 않는다. 착하고 성실하며 동시에 영악하고 덜 부지런한 면도 있어야 한다. 쓸 수 있는 에너지는 한정되어 있기 때문이다. 그래서 선택과 집중을 강조하는 것 아니겠는가?

영악해야 선함을 보완할 수 있고, 적당한 게으름도 있어야 일을 현명하게 진행할 수 있다. 우리의 한 가지 장점기능은 또 다른 기능이 보완되었을 때 균형을 잡는다. 착하고, 영악하고, 부지런하고, 게으르고 하는 것도 그중의 하나다. 역설 같을지라도 이것이 삶의 지혜다.

노벨상 수상자 허버트 사이먼은 말했다. "똑똑한 이타주의자는 어리석은 이타주의자보다 덜 이타적일지는 모르지만, 그들은 어리석은 이타주의자보다 더 바람직한 존재다."

그렇다. 사람은 호의가 계속되면 그것을 권리인 줄로 안다. 혜택받던 호의가 중단되거나 줄어들면 그동안 고마웠다는 생각보다는 끊어지고 줄어든 것에 대해 섭섭함이 먼저 나타난다.

반대로, 주는 것을 의무처럼 여겼던 사람은 계속 주지 못하는 상황에 이르면 미안함을 넘어 죄책감을 느끼기도 한다. 예컨대, 만날 때마다 일방적으로 밥을 사던 사람은 처음에는 베푸는 기쁨을 누리지만 나중에는 의무감으로 변한다. 그렇기 때문에 계속해서 밥을 살 수 없는 형편에 이르게 되면, 스스로 불편하여 상대와의 만남을 피하게 된다.

또 평생 대접만 받는 위치에서 살던 사람은 반대로 남을 대접하는 것에 익숙지 않기 때문에 자신이 받은 만큼도 타인에게 베풀지 못하고 인색한 경우가 적지 않다. 사람이 본래 인색한 것이라기보다는 그런 생활 속에서 그렇게 굳어졌기 때문이다.

남이 나에게 맹종을 계속하면 자신이 슈퍼맨인 줄로 안다. 이것이 피조물의 한계다. 그래서 묻지 마 맹종을 하는 것은 결과적으로 나도 죽고 그도 죽이는 악한 행동이다. 착한 명분을 내세워 지속해서 희생을 강요하는 사람이 있다면, 그의 말보다 그의 삶을 살펴보라. 위선이 보일 때는 단호한 태도를 보일 필요가 있다. 그것이 나도 살고 그도 사는 길이다. 그런 생각이 도저히 통하지 않는 썩은 물이라면 노는 물을 과감히 바꿔라. 아무리 내가 현명하게 착하다고 해도 환경이 맞지 않으면 나도 변질될 수밖에 없다. 내 개인의 힘이나 의지보다 집단 환경의 힘이 훨씬 더 강하기 때문이다.

3
...

착한 것만으로
모든 것이 용서되지 않는다

착하다고 인정받는 사람들에게서 많이 나타나는 특징을 보면, 용기가 없거나 착하다는 인정만 받으려 하거나 안정 지향적 경향이 있다. 이러한 자기 모습을 순수한 것으로 생각한다. 어릴 때는 착할 수 있다. 그러나 어른이 되어서도 착하기만 하면 옳은 것은 아니다. 자기 가족이 위험한 상황에 직면한 상태이거나 불의가 지나치게 판치는 경우에서조차 강력한 대응조치를 하지 못한다면, 그건 착하게 보이는 무능함이다.

그저 좋은 게 좋은 것으로 생각하기 쉬운 신앙공동체 생활의 경험을 통해서 착하다는 사람들의 아이러니한 모습을 많이 봤다. 보이는 착함 이면에는 용기가 없거나 끝까지 정의를 지키려는 신실함이 없거나 결단력과 자신감이 없거나 지혜가 결여된 경우가 많았다. 한마디로 능력 부족이라고 말하지 않을 수 없었다. 이러한 착함은 우리가 가진 유약한 모습의 다른 이름일 뿐이었기 때문이다. 아니면 자신의 이해관계에만 집착하여 그렇게 가면을 썼을 수도 있다. 굿이나 보고 떡이나 먹자는 심사로 말이다.

개인적으로 우울증에 잘 걸리는 사람을 보면 대부분 영악스러운 사람보다 착한 사람이 더 많다. 평소에 착하다는 이미지 뒤에서 말이 없고, 고립된 모습이 많고, 잘 놀 줄도 모르는 조용한 사람이 사실은 더 무서운 사람인 경우가 많다. 세상에 떠들썩한 범죄 주인공들의 모습을 보면 알 수 있다. 체면이나 수치심 자존심 같은 자기 방어기재로 똘똘 뭉쳐 있는 것이 많을수록 이중인격인 경우가 많기 때문이다.

착하면서도 지혜롭게 착해야 한다.

착한 나를 악용하려는 세력은 도처에 널려 있다. 이런 악한 세력은 혼자 사는 사람에게 더 약점을 파고들면서 접근할 수 있다는 점을 간과하지 말아야 할 것이다.

내가 강하면 나에게 착하게 대하지 않는 사람이 없고, 내가 강한 만큼 착하게 대하지 못할 상대도 없다.

4
...

마음 주고 정 주는데도
한계선이 필요하다

가까운 사이가 되려면 마음의 경계선이 없어야 한다고 생각하기 쉽다. 그러나 한계선이 없이 마음 주고 정 주고 하다가 쓰러지는 경우가 허다하다.

스스로 설 수 없을 정도로 상대에게 올인하거나 의지할수록 상대의 태도가 변할 때 그 충격은 클 수밖에 없기 때문이다. 사람의 태도는 속도의 차이는 있을지 모르지만 대부분 환경과 사정에 따라서 변할 수밖에 없다.

흔히들 '돈이 거짓말하지, 사람이 거짓말하겠느냐?'하는 말이 이를 대변해 준다. 모든 사람은 사정변경에 따라서 마음도 태도도 변할 수밖에 없다는 사실이다.

무례함으로 받은 충격은 일시적인 기분 상함에 그칠 수 있지만, 마음을 다했다가 받는 충격은 배신감을 넘어 존재 자체에 받는 예상 못한 충격에 당황할 수밖에 없다. 마음을 다한다는 것에도 적정한 선이 있어야 한다는 이유가 여기에 있다. 진정 마음을 다하고 뜻을 다하는 대상은 변하는 인간이 아니라 변하지 않는 절대자에게나 할 수 있는 신앙의 영역일 뿐이다.

경계선 내에서는 마음을 다해 잘해주고, 그 선을 넘으면 제재하는 것이 문제도 해결하고 내가 편할 수 있는 방법이다. 내가 잘해줄 수 있는 능력에는 한계가 있기 때문이다. 그렇기 때문에 그 선은 내가 감당할 수 있는 선을 말한다.

그 선은 용인할 수 없는 선, 부정적인 영향을 받을 수밖에 없는 선이다. 부부 사이에서도 잘해주는 사람이 유의해야 할 한 가지가 있다는 전문가의 조언도 있다. 그것은 지치기 전에 상대에게 이야기하라는 것이다. 상대는 그 상황을 모르기 때문에 자신에게 잘해주는 것을 점점 당연하게 여기며 자신의 권리처럼 여기게 된다는 것이다.

이때 지치면 참아서 견뎌야 하고, 그 상황이 지속되면 어느 순간 폭발할 수밖에 없다. 그 폭발하는 발화점은 남이 볼 때, 별것 아닌 것으로 그런다는 피상적인 판단을 받을 수도 있다. 사실 아무것도 아닌 것이 아니라, 그동안 마음속에 쌓이고 쌓인 화가 견디지 못해서 폭발했을 뿐인데도 말이다. 혹 상대가 악질인 경우는 그때의 상황만을 침소봉대하여 세상에 헛소문을 퍼뜨릴 수도 있고, 더 나아가서는 거짓 증거를 보태어 재판에서 유리한 고지를 차지하려고 하는 극단적인 의도를 실행에 옮기는 경우도 있다. 이 세상은 일반적으로 악인이 더 세다는 사실을 잊어서는 안 된다. 악인이 되어야 한다는 말이 아니라 악에 이용당하지 말라는 이야기다.

내가 북 치고 장구 치고 모든 것을 해결하려고 동분서주하다가 문제가 발생하는 경우, 사정을 모르는 다른 사람들은 내게 문제가 있다고 말하기 쉽다. 드러난 것은 그것뿐이기 때문이다. 이 대목에서도 이른바 '착한 아이 콤플렉스'에서 벗어나라는 것을 권할 수밖에 없다.

잘해주고 상처받는 상황이 계속된다면, 이것은 나의 우유부단함을 이용하는 상대방의 문제가 아니라 이용당할 수밖에 없는 나 자신의 문제라는 것을 살펴봐야 한다. 이때는 지치지 않고 감당할 수 있는 한계선을 정하고 그 선 안에서 최선을 다하는 것이 해답이다.

완벽해야 한다거나 마음을 다해야 한다는 신앙 같은 당위 관념은 버려야 한다. 차라리 내가 잘해 줄 수 있는 한계선 거리를 100퍼센트가 아니라 70퍼센트로 한다는 원칙을 세우고 단호하게 실천하는 방법도 있다. 여유분은 절대로 낭비나 버려지는 것이 아니다. 심신의 안정을 주고 나를 지키는 한계선이 되기 때문이다. 내가 넘어지더라도 짚을 곳이라도 있어야 한다는 이야기다. 위급한 상황에서도 원활한 감정관리와 위기 극복의 보루를 남겨두는 생존의 지혜인 것이다.

마음을 다하고 몸을 다해서 올인했다가 지탱점이 무너졌을 때 무너지는 것은 바로 나 자신임을 잊어서는 안 된다. 상대를 위하는 마음이 나의 전부를 차지하게 되면 나 자신은 어느새 설 자리마저 빼앗기고 밀려나 있을 수 있다. 상대가 나를 대하는 태도에 따라 휘둘릴 수밖에 없는 정신적 노예 상태에 이르는 것이다.

내 삶의 중심에 상대만 있어서는 안 된다. 정작 내가 책임져야 할 나 자신은 처량한 위치에 남아있게 되기 때문이다. 전부를 걸었을 때, 상대의 반응에 더 민감해진다. 그것은 상대에게 집착처럼 느껴져 오히려 우습게 여기거나 버림받기 쉬운 인식을 갖게 하는 경우도 비일비재하다.

상대의 작은 행동에도 과도한 의미를 두어 스스로 상처를 키우고 큰 충격을 받는다. 왜 내 인생을 상대에게 휘둘려서 살아야 하는가? 이것은 스스로 자신의 인생에 대한 무책임이다. 이런 부작용을 예방하기 위해 나부터 담을 공간과 넘어져도 일어설 수 있는 공간은 마련해 둬야 한다는 이야기다. 스스로 뿌리를 깊이 내려야 외풍에도 당당할 수 있다. 몸과 마음이 종속적 상황에서 벗어나 독립적일 때에야 진정으로 외롭지 않을 수 있다. 그 사람과 함께 있거나 나 혼자 있거나 상관없이 말이다.

제 **10** 장

불통의 벽

1
..

궁예의 관심법

사극 〈태조 왕건〉에서 '궁예'가 자신의 관심법으로 사람을 판단하는 장면이 나온다. 후고구려(태봉)를 세운 궁예는 자신을 스스로 '미륵'이라고 하면서 신정적(神政的) 전체주의 정치를 추구했는데 이에 반발한 정변이 일어나 왕위에서 쫓겨나 죽임을 당했다. 그가 공포정치의 수단으로 행한 관심법(觀心法)은 숨겨진 사람의 마음을 꿰뚫어 본다는 법이다. 자기가 초능력을 소유한 특별한 사람으로 착각하는 것이다. 그래서 그가 어떤 사람을 판단하면 그게 바로 법이고 진실이라는 것이다. 변명이나 사실관계 확인 절차도 허용되지 않고, 그가 그렇다면 그냥 그런 것이다. 얼마나 위험천만한 고집이고 독선인가? 이것이 바로 주위 사람들을 괴롭게 만드는 주관적 독심술(讀心術)이다.

그런데 이와 같은 독심술을 가진 사람이 궁예뿐인가? 현대를 살아가는 사람 중에도 이렇게 자신의 상상과 추론을 절대 사실이라고 믿어 반대의

견이 통하지 않는 소위 '못 말리는 고집불통'이 있다. 자신의 추측에 관하여 묻지 마 맹목적 신념을 지니고 있는 것이다. 자신이 신봉하는 공식 같은 판단기준, 몇 가지 잣대를 들이대서 결론 내린 허접한 추론을 주저하지 않고 일반화해서 율법처럼 적용해 버리는 것이다. 자신의 추론이 우연히 맞아떨어지는 특별한 경우를 몇 번 확인하기라도 하게 되면 '그러면 그렇지!'하고 자신의 확증 편향적인 사고방식과 독심술은 더욱 강화되는 것이다.

지난밤 꿈과 오늘 아침 현실을 구분하지 못해서 "당신은 왜 어젯밤에 나를 괴롭혔느냐?"라고 따지는 사람을 경험한 적이 있다. 그가 만성적인 정신질환을 앓고 있다는 것을 평소 잘 알고 있기에 그저 그러려니 하고 넘어간 적이 있지만, 관심법에 취해 있는 사람이나 꿈에 취해 있는 사람이나 답답하고 주위 사람을 힘들게 하기는 매한가지다. 넓게 보면 일종의 정신질환이다.

이런 사람과 의견을 조율하는 대화는 거의 불가능에 가깝다. 자기의 추론을 절대 양보하거나 수정하지 않기 때문이다. 자기의 잘못된 인식을 객관적으로 바라볼 수 있는 능력과 자기반성 능력이 현저하게 떨어지기 때문이다. 이런 성격을 지닌 사람들의 특징은 왜곡된 자기 정의감에 취해 있기 때문에 자기가 호의적으로 판단한 사람에게는 지나치게 친절을 베풀고, 그러던 중에도 어떤 계기가 있어서 한 번 마음이 뒤틀리게 되면 완전히 돌아서서 지나치게 냉대한다는 것이다. 마치 색약처럼 흑백만 있는 것이다. 세상을 이분법으로 보기 때문에 선 아니면 악, 내 편 아니면 적만 있는 것이다.

이들은 궁예처럼 남을 지배하고 통솔하려는 욕구가 강해서 일정한 면에서는 카리스마도 있다. 그 카리스마를 유지하기 위해서 자신이 반드시 이겨야 한다. 이기기 위해서는 허세를 떨 수밖에 없고, 사건의 순서를 뒤집어서 피해자를 가해자로 둔갑시키는 능력도 탁월하다. 반대로 긍정적인 면은 자신의 신념이 바뀌기 전까지는 의리를 지키고 절개를 지킨다는 특징도 있다. 존경하는 사람에게는 호위무사를 자처하는 경향도 있다. 이토록 아집의 감옥에 갇혀 궁예 같은 삶을 사는 것이다.

2

...

그가 그렇게 생각하면
그에게는 그게 그럴 뿐이다

만약, 가까운 관계에 있는 사람이 궁예처럼 별난 성격의 소유자라면 당신은 어떻겠는가?

궁예의 독심술과 유사한 편견을 가지고 남에 대한 지배 욕구가 유난히도 강한 아내로 인해 평생 마음고생의 그늘에서 힘들어하는 P 씨의 사례를 소개한다.

P 씨는 아내의 강압적인 요구에 따라 정신신경과에서 심리테스트를 한 적이 있다. 늘 어떤 대상에 대하여 피해의식 속에서 살고 있다는 의사의 진단 결과를 받았다. 독심술에 가까운 편견을 진실처럼 막무가내로 단정해 버리는 아내로부터 늘 짓눌려 살아왔던 터라, 그의 무의식 속에 그런 피해의식이 녹여 있다는 것을 짐작할 수 있었다는 것이다. 더구나 사나운 성격에 일종의 의부증 같은 고착된 편견에서 벗어나지 못하는 그의 아내에게 합리적인 설명이란 꿈같은 얘기라고 생각하기에, 그게 아니라고

설명할 수도 없어서 늘 불편하게 살아오고 있다는 것이다. 설명해 봤자 이야기하는 중에, 자기 마음에 거슬리는 특정 단어가 하나라도 표현되면 그것 자체가 또 다른 공격 빌미가 되기 때문에 차라리 입을 닫고 산다는 것이다.

　P 씨는 SNS 전문가 친구의 권유로 페이스북을 하게 되었고, 그를 통해 어느 문단에 문인으로 데뷔하는 계기가 되었다. 그의 남다른 필력이 드러나면서 그의 작품이 신춘문예 공모전에서 대상에 선정되면서, 작고하신 권 법무부 장관과도 문우로서 절친하게 되었다. 그의 팔로우는 지속해서 늘어 정치계, 학계, 종교계, 문인 등 5,000명에 이르게 되었다. 페이스북의 생리를 잘 알지 못하는 그의 아내는 페이스북을 하면 불륜하는 것으로 착각하고 있었다. P 씨가 포스팅하는 그의 글에 '좋아요' 표현이나 긍정적 댓글이 쇄도하는 것이 그의 증거라고 확정하고 있었으니 말이다. 그래서 아내와 함께 있을 때는 SNS 활동을 한동안 끊기도 했었다. 아내가 별거에 들어가면서부터 다시 페이스북도 하고 글도 쓰고 하면서 그동안 모인 그의 글을 어느 출판사에서 수필집으로 출간하기도 했다.

　아내로부터 받는 오해와 막말로 인해 그는 늘 우울한 기분을 달래기 위해 여간 애를 쓰는 것이 아니었음을 볼 수 있었다. 우울증에 걸리지 않기 위해, 의도적으로 노래를 흥얼거리기도 했다. 예고도 없이 찾아와 맞닥뜨린 아내가 갑자기 휴대폰 메시지 검사를 요구하거나 컴퓨터에서 이메일을 검색하겠다고 요청하면, 그 자리에서 즉시로 열어 보여줬다. 자신의 결백함을 아내에게 보여주어 아내가 엉뚱한 상상으로 불필요한 괴로움을 겪지 않도록 하고자 하는 마음에서 조금도 주저하지 않고 아내의 요구에 응했던 것이다. 그러나 신앙처럼 붙들고 있는 아내의 고집은 결코 쉽게 고쳐질 수 없었다. 또 다른 비난거리를 계속 찾고 있기 때문이다.

P 씨는 이러한 '독심술이 문제인가? 피해의식이 문제인가?' 논하는 것조차 싫어했다. 소통이 불가능한데 따져봐야 무슨 소용이 있겠느냐는 것이다. 독심술을 합리화하는 입장에서 보면 피해의식이 병이고, 피해의식을 정당한 방어기준이라고 인정하는 입장에서 보면 독심술이 가해 요인이기 때문이다. 어차피 바꿀 수 없는 상황이라면 그러려니 하고 단념하고 사는 수밖에 별다른 도리가 없다는 것이다. 수술하는 결단을 할 수 없거나 수술이 생명을 살릴 수 없는 상황이라면, 통증 크리닉에서 증상을 그때그때 완화하면서 살 수밖에 없다는 것이요, 그 이상은 시간에 맡기고, 하늘에 맡길 수밖에 없다는 것이다.

그렇다. 이러지도 저러지도 못하는 괴로운 입장과 처지라면, 단박에 뿌리를 뽑으려 하지 말고, 증상 완화 쪽으로 방향을 택하는 것도 현실적인 처방의 하나다. 사람이 불확실한 내일을 확실한 것으로 단정하여 오늘 당장 확실한 결론을 내리려고 하는 것 자체가 무모한 일이다. 사람의 안목으로 희망이 절벽일 때 필요한 것이 신앙이고 믿음이다. 사람 능력의 끝이 하늘 능력의 시작이라고 믿는 것이다. 증명할 수 없을지라도 그렇게 믿으면 그렇게 작용하는 것이 믿음의 속성이고 현실적인 효과다. 고칠 수 없는 사람의 편견도 신앙과 유사하다. 그가 그렇게 확고하게 믿으면 그에게 그것은 그런 것일 뿐이기 때문이다.

　어차피 이 세상을 살아가면서 겪게 되는 주관적인 느낌은 즐거운 순간보다 괴로운 순간이 훨씬 더 많다. 바닷가에 가 보라. 끊임없이 밀려오는 파도는 한없이 기다려도 없어지지 않는다. 내 맘대로 안되는 것이 세상이라면 내 마음을 바꾸지 않는 한, 괴로움은 사라지지 않는다. 밀려오는 파도를 없애려고 하지 말고, 그것을 내 몸의 일부라고 생각해보자. 삶과 죽음이 별개가 아니라 한 덩어리인 것처럼 말이다.

3

...

고집불통 유형과
대화하는 간단한 팁

말이 통하지 않는 고집불통 인간 유형을 어느 글에서 이렇게 표현된 것을 보았다.

"내 말이 진리다" - 궁예형
"짐이 국가이다" - 루이 14세형
"나는 돼도 너는 안돼" - 내로남불형
우선 부정부터 하고 보는 - 습관적 반박형
"내가 언제 그랬어?" 천연덕스럽게 잡아떼는 - 오리발 유형

'궁예형'은 자신이 틀려도 절대 인정하지 않는다. 주로 가르치려 하는 말투다. 이런 유형은 옳은 것을 논리적으로 설득하기 가장 어려운 타입이다. 이런 유형의 고집불통에게는 정면충돌을 피하되, 상대가 잘 쓰는 언어로 완곡하게 표현하는 것이 옳다. 대화가 아니라 싸움판만 되겠다고 판

단되면 말을 꺼내지 않는 것이 좋다. 돼지에게 진주를 던질 필요가 없으니까.

'루이 14세형'은 속 시원히 말하는 것에 방점을 두지 말고, 어떻게 할 말을 전할 것인가에 방점을 두어야 삼천포로 빠지지 않는다. 상대 권위를 건드리지 않고 치켜세워주면서 할 말을 사이에 눈치껏 끼워 넣는다. 쉽지는 않다. 상대의 칭찬거리에 곁가지로 붙여 놓는 방법이다.

'내로남불형'은 객관적 메타인지가 전혀 안 되는 유형으로, 대비되는 내용의 합리적 대화가 어려운 유형이다. 똑같은 말인데도 자신이 하면 괜찮고 남이 하면 용납 못하는 이중잣대를 가지고 있기 때문이다. 일종의 인지장애다. 이런 상대에게는 가랑비에 옷 젖듯, 여러 사람이 자주 들려주어야 조금씩 아주 조금씩 변화를 기대할 수 있다.

'습관적 반박형'은 타인의 말에 우선 부정적 언어로 공격부터 시작하기 때문에, 반박의 여지가 분명한 대화는 피하는 게 좋다. 이야기 벽두부터 마음에 상처만 입는다. 길게 말할수록 피곤만 쌓인다. 꼭 관철해야 할 주제라면 그것에 대한 필요성보다는 그렇게 하지 않았을 때, 크게 문제가 되었던 충격적 사례를 모아 반박에 대한 예상 답변을 미리 준비하고 시작하는 것이 좋다.

'오리발 유형'은 방금 한 말도 그 자리에서 아무 고민 없이 뒤집는다. 엉뚱한 해석이나 지엽적인 단어를 늘어놓으며 오히려 방어에서 공격으로 전환함으로 기를 막히게 한다. 이런 사람과 단둘이 독대한 것은 한순간 휴지 조각이 될 확률이 높다. 가능한 증인 될 수 있는 가급적 여러 사람과 함께 대화하는 것이 바람직하다.

그 외 벽보다 못한 불통 인간은 또 있다. 말은 안 통해도 상처는 주지 않는 것이 벽이지만, 벽보다 못한 인간은 차라리 투명 인간 취급하며 지내는 것이 오히려 나을 수 있다. 통하지 못해 답답하지만 계속 찔림을 당하며 가슴앓이하는 것보다는 그게 차라리 낫기 때문이다.

4
...

정신 상담하는 내담자가
빠질 수 있는 자기 함정

정신신경과 의사나 전문 상담자는 내담자의 말을 중간에 제지하지 않고 끝까지 들어주며 그의 말이 어떤 내용이든 간에 부정하거나 질책하지 않는다. 또 내담자의 말이 진실인지 꾸며내는 말인지조차 처음에는 알 길이 없다.

그러길래 내담자가 하는 말을 거의 백 퍼센트 공감해준다. 그래야만 의사나 전문상담자에 대해 반감 없이 의지하게 된다. 치료과정에서는 무엇보다 신뢰가 중요하기 때문이다.

그러다 보니 내담자는 자기가 억울하다는 이야기를 주로 한다. 어떤 상대로부터 너무도 많은 상처를 일방적으로 받은 피해자라는 주관적인 생각을 이야기하다 보면, 과장을 넘어서 꾸미고 각색된 이야기마저 있게 마련이다.

그렇다고 하더라도 상담자는 그 말을 진실로 생각하고 들어주며 위로해 준다. 비록 틀린 말, 거짓말을 한다고 할지라도 그 환자의 주관적인 생각은 바로 그것이기 때문이다. 옳고 그름을 판단하는 것이 아니라 병든 환자를 치유하는 것이 목적이기 때문이다. 그래서 어떤 경우에는 내담자에게 "그렇게 힘든 상황을 어떻게 지금까지 참고 견뎌 오셨어요?"라는 말로 맞장구를 쳐주기도 한다.

이 과정에서 내담자는 상담자를 자기 심리적 질환을 치유하는 사람이라고 생각하기보다는 내담자와 다투고 있는 이해당사자 사이에 옳고 그름을 판단해주는 우군 판사처럼 생각하기 쉽다. 그러길래 자신의 하소연을 공감하며 들어주고 위로해주는 의사나 상담자가 자기 편이라고 생각하기 쉽다. 여기서 더 나아가면 자신의 정신 심리 치료가 목적이 아니라, 갈등 관계에 있는 상대가 죄인이고 자기 자신이 의인이라는 것을 확인하고 싶어 한다. 상담하는 의사의 권위를 이용해서 이해당사자를 자기가 목적하는 방향으로 강제하고, 또는 궁지로 몰고 가는 수단으로 생각하기 쉽다.

이것이 내담자가 빠질 수 있는 자기 함정이다.

이런 자기 함정에 빠지게 되면 다투고 있는 상대와 화해하고 관계가 회복되기는 더욱 어려워진다. 자신의 옳음이 그리고 상대의 잘못이 의사에 의해서 판결되었다고 착각하기 때문이다.

이런 사람들은 상담자가 늘 자기 편이 되어주고 듣기 좋은 소리만 해주기를 기대한다. 이해당사자 양쪽을 함께 상담하는 단계에 이르렀을 때, 의사나 상담자가 자기의 잘못된 생각이나 흠결을 짚어 주기라도 하면, 의

사나 상담자를 바꾸어 버린다. 내 편이 아니면 정당하지 않은 상담자라는 것이다. 일방적인 자기주장만 있고 상대의 생각을 이해하려 하지 않는 이런 경우, 상담은 중간단계에서 중지되거나 실패하는 사례가 많다.

상담도 상담할 마음의 준비가 되어야 한다.
마음의 준비 중 가장 중요한 것은, 자신의 이야기도 하고, 상대의 이야기도 듣겠다는 결심이다. 서로의 공감 범위를 확장하여 묶였던 매듭을 풀겠다는 목적과 그 주제에 집중하겠다는 결심이 서야 한다.

그렇지 않으면 의사나 상담자가 내담자의 과거를 분석하고 현재 문제의 인과를 퍼즐로 맞추어 가는 상담 과정도 헛수고로 끝나기 쉽다.
준비된 마음이 없으면 상담 횟수는 늘어도 상담 결과는 없을 수 있다. 오히려 시간과 비용을 낭비하면서 "이래서 우리 부부는 답이 없어."라는 성급한 결론에 이르는 부작용도 있다는 것을 알 필요가 있다. "해 봤자 소용없다."라는 결론에 이르게 되면 오히려 아니한 것보다 못한 결과에 이를 수도 있음을 폭넓게 이해하는 것이 필요하다.

제 11 장

마음 챙김

1
..

마음은 한 번에
두 곳에 있을 수 없다

흔히 TV를 보면서도 공부할 수 있다고 말하는 경우가 있는데, 그것은 마음이 두 곳에서 한 번에 작용하는 것이 아니라, 두 곳을 신속히 왔다 갔다 하는 것이다. 다만 시공간을 초월하는 마음의 이동속도가 광속보다 더 빠르기 때문에 인지의 축이 오가는 것을 우리가 인식하지 못할 뿐이다. 그 결과 집중도가 떨어지는 것만을 느낄 뿐이다.

우리의 마음속 이미지나 생각이 떠오르는 것은 사실 이미 입력되어 저장된 기억 탱크에 있던 것이 그대로 혹은 조합된 형태로 떠오르는 것이다. 그 정보에 기초해서 직관으로 판단하는 능력은 인공지능보다 훨씬 효율적이다.

여기에서 우리는 힌트를 얻을 수 있다.
우리를 괴롭히거나 행복하게 하는 생각들 자체가 전혀 엉뚱한 곳에서 오는 것이 아니라 우리가 이미 들었거나 보았거나 생각했던 것들, 그 횟수가 많아져서 이미 익숙해진 정보들이 익숙함에 비례해서 쉽게 떠오르는 것이라면, 원천적으로 입력단계에서 우리 내면의 생각 탱크에 저장하는 정보를 선택하고 조절하면 미리부터 괴로움을 줄일 수 있다는 논리가 성립된다. 그런데 눈은 보는 순간 광속도로 정보를 받아들이고, 귀는 듣는 즉시 정보로 받아들인다. 그 외에 우리의 오감은 동일하게 작동되면서 우리의 기억 탱크를 채운다. 어떤 면에서는 우리의 정체성은 내면에 저장된 정보에 의해서 결정된다고 볼 수 있다.

따라서 우리는 떠오르는 생각을 차단하는 것보다 들어오는 정보의 선택 방향과 관계된 환경을 취사선택하는 것이 훨씬 수월하다. 그래서 좋은 생각의 소재인 좋은 정보를 얻을 수 있는 환경에 더 다가가는 것이다. 좋은 음식이 좋은 재료에서 나오는 것처럼, 좋은 생각 역시 좋은 기억 속에서 나오기 때문이다.

마음의 특징이 항상 어떤 대상에 가 있고, 또 한 번에 한 곳만 머물 수 있기 때문에 그것이 가능하다고 하겠다.

예컨대, 나쁜 생각을 지우려고 애쓸 게 아니라 나쁜 생각이 자리할 공간에 좋은 생각으로 채워 놓는 것이다. 우리의 눈길과 발길을 그런 방향으로 익숙하게 하는 것이다. 좋은 정보취득에 길이 나도록 말이다. 나를 파괴하는 것은 생물학적인 세균이나 바이러스뿐만이 아니다. 나를 파괴하는 또 하나의 원흉이 바로 나쁜 상상이나 생각이다.

그렇다면 홀로 있는 시간이 상대적으로 많은 싱글족으로서는 슬프고 절망적인 뇌를 자극하는 환경보다는 밝고 긍정적이며 소망을 가질 수 있는 사람과 장소에 더 많이 노출되는 것이 훨씬 바람직할 것이다. 등대가 한순간에 한 곳만 비추듯이 마음도 한 번에 한 곳에만 있을 수밖에 없기 때문에 그것이 가능하다.

비관적인 생각의 바다로 나갈 것인지, 아니면 희망적인 생각의 바다로 항해할 것인지 향방의 폭이 싱글족에게는 더 광대하고 또 순발력이 있기 때문에, 어떻게 마음을 정하고 결단할 수 있느냐에 따라 대단한 장점도 될 수 있고, 취약점도 될 수 있는 것이다.

소망을 일깨우는 생각과 장소를 주저 말고 택해라.

2

...

'~구나' 법칙

사람은 이성적 동물이라고 말하지만, 실상 우리의 생활 속에서 더 가깝게 영향을 미치는 것은 이성보다 감정이 더 빠르고 더 강력하다. 이성적으로 이해하면서 어느 결론에 이르게 되어도 마지막 결정 단계에서 감정에 추인을 받아 결단한다. 어떤 결정이 합리적이라 할지라도 감정이 싫으면 결정을 주저한다. 매 순간 일어났다 사라지는 감정을 나 자신의 정체성과 동일한 것으로 여기기 때문이다.

이런 현상이나 메커니즘을 인식하지 못하고 원리나 본 모습을 알아차리지 못하는 존재를 불가에서는 중생이라고 부른다. 마치 꿈과 현실을 구분하지 못해 꿈속에서 애태우는 것처럼 말이다. 그리고 전도몽상으로부터 벗어나 현실 모습을 똑바로 보는 것을 정견(正見)이라 하는데, 엄밀히 말해 선입견을 배제하고 '있는 그대로 보는 것'을 말한다. 그리고 그 정도로 깨달은 자를 부처라고 부른다. 어느 순간 지혜가 발현되어 부처의 안목을 가졌다가도 환경이 바뀌면 쉽게 중생으로 돌아가는 것이 보통 사람의 모습이다. 그러기에 환상과 같은 감정을, 그리고 내 의지와 무관하게 떠오르고 사라지는 생각 파편의 영향을 받으면서 번뇌의 강을 건너지 못하고 있는 것이다.

일찍이 붓다는 우리 몸의 오감을 통해서 들어오는 정보를 접하면서 12단계의 반응 진행단계를 미분하고, 그렇게 나누어진 일련의 단계마다 서로 연결되어 나타나는 신체적 정신적 작용 관계를 원인과 결과의 고리로 설명했다. 그것이 이른바 연기설이다. 그래서 정보접촉단계에서부터 우리의 각종 반응을 거쳐 우리 의식에 관성이 되고 길이 나게 되면, 그 방식대로 살아가게 된다. 익숙한 대로 사는 것이 편하기 때문이다. 그 관성을 바꾸기 위해서 하는 노력이 수행이고 마음공부다. 느낌이 변하고 확대되는 단계의 고리마다 미세한 공간이 있는데 그 공간에서 연속되는 작용의 흐름을 알아차리고 차단하는 것이다.

파도처럼 반복적으로 일어났다가 사라지는 내 생각으로부터 나 자신을 분리해서, 일어나는 생각이나 감정의 노예가 되지 않고 오히려 그것들을 관리하고 사용하는 주체가 된다면 괴로움에 빠져들 확률은 훨씬 줄어들 것이다. 즉 생각에 끌려다녀서 괴로움을 겪지 않는다는 이야기다.

그렇지만 접촉되는 느낌으로부터 시작해서 괴로움을 겪고 또 그것이 원인이 되어 또 다른 번뇌의 바퀴를 돌리는 악순환을 벗어난다는 것은 보통 사람으로서는 여간 어려운 일이 아니다. 여러 단계로 나누어지지만 일련의 과정이 의식할 수 없을 정도로 순식간에 진행되기 때문이다. 이러한 정신작용의 세미한 분석이론은 종교라고 하기보다는 심리분석에 가깝다. 그러기에 이것이 정신 치료에서도 원용되고 있으며, 이것을 이해하고 적용할 수만 있다면 많은 유익이 있을 것이다.

부정적인 생각이 떠오르는 단계에서 다음 고리로 진행되기 전에 차단하는 데 도움이 되는 팁을 소개한다. 그것이 바로 '~구나' 법칙이다.

화의 감정이 일어나면 바로 화를 내는 것이 아니라 '화의 감정이 일어나는구나!' 슬픈 생각이 일어나면 '슬픈 생각이 일어나는구나!' 무서운 생각이 떠오르면 '무서운 생각이 떠오르는구나!' 이렇게 떠오르는 각종 생각들을, 관계가 별로 없는 제3자의 입장에서 가만히 지켜만 보는 것이다. 그저 바라보면서 "~하는구나!"라고 입으로 말하는 것이다. 그냥 생각만 하는 것보다 말로 표현하는 것을 병행하면 우리의 뇌는 더 쉽게 자신과 감정을 분리하며 메타인지 할 수 있다.

우리가 거울 속에 비친 자기 모습을 보면서 두려워하거나 긴장하지 않는 것은 거울 속에 비친 모습은 실제가 아니라 환상임을 알기 때문이다. 이렇게 거울 속의 모습을 보고 허상임을 알아차리는 동물은 인간과 침팬지 정도다. 개나 원숭이나 새들은 거울 속에 비친 모습을 보면서 경계하거나 긴장하면서, 싸우려고 달려든다. 이렇듯 자기 모습과 자신의 정신상태를 또 자신의 마음까지도 유체이탈하여 바라보듯 볼 수 있다면 우리는 분노나 공포나 슬픔의 고통에서 훨씬 더 쉽게 벗어날 수 있다. 그렇게 자신과 자신의 감정을 동일시하는 습관에서 벗어나게 해주는 효과적인 방법의 하나가 바로 '~구나' 법칙이다.

싱글로 살아가면서 수없이 떠오르는 망상으로부터 자유롭기 위해서 이 법칙을 실행에 옮겨볼 것을 권한다. 처음에는 어색할지 몰라도 횟수를 반복하다 보면, 더욱더 손쉽게 효과를 보게 될 것이다. 처음부터 도사는 없다.

3
...

지금 이 순간
여기에서 온전히 존재하는 것

우리는 두 개의 세계에 살고 있다. 하나는 오감을 통해 직접 외부의 현상을 느끼며 받아들이는 '지각 세계'이고 다른 하나는 생각이나 기분 감정 등을 통해 해석하는 '관념 세계'다. 이 두 세계는 분리할 수 없으며 끊임없이 서로에게 영향을 주고받으며 확장해 나간다.

'마음 챙김'은 이러한 지각과 관념들에게 사로잡혀 있는 자신을 구출하여 지금 여기에 온전히 존재케 하는 것이다. 긴장을 풀고 흩어진 집중력을 회복시켜서 있는 그대로의 모습을 편견 없이 볼 수 있도록 하는 것이다. 우리가 어떤 것에 대하여 과도한 강박에 짓눌리는 것도 불안하기 때문이며, 강박감이나 불안 자체도 큰 틀에서 보면 생각의 일종이다. 생각이란 엄밀히 한순간에 두 가지를 생각할 수 없기 때문에 현재에 집중하는 '마음 챙김'을 통해서 불안과 강박감을 이완시킬 수 있는 것이다.

현재에 집중하기 위해서 보통 4개의 활동 단계가 있다.

1단계는 인식 대상을 선택하는 것이다. 노래도 좋고, 음식도 좋고, 호흡도 좋고, 꽃도 좋다.

2단계는 인식한 대상에 모든 주의를 기울이는 것이다. 그래서 대상을 있는 그대로 알아차리는 것이다. 마치 조미료나 향신료를 걷어내고 식재료의 본 맛을 느끼는 것처럼 말이다. 선입견을 벗어버리고 그 대상을 평생 처음 보거나, 처음 듣거나, 처음 맛보는 것처럼 선지식에 지배받지 않으면서 대면하는 것이다.

3단계는 주의가 집중되었다가 흩어졌다가 하는 것, 즉 정신이 변화되는 모습을 있는 그대로 그 자체를 묶음으로 그 순간 알아차리는 것이다.

4단계는 집중력이 흩어질 때마다 천천히 긴 호흡을 하면서 집중력을 되돌려 놓는 연습이다.

이것을 반복적으로 시도해 보면 내 정신의 흐름을 바라보면서, 들뜬 마음이나 분노, 스트레스가 잠재워지는 것을 경험할 수 있다. 극심한 스트레스나 마음의 갈피를 잡지 못할 정도로 공황 상태에 있을 때, 마음을 안정시키는 응급처치 방법 중 하나로 활용해 봄 직하다.

마음을 정화하기 위한 수행이나 묵상은 스님이나 수녀 같은 종교인의 전유물이 아니다. 행복을 위한 수행은 누구나 필요한 것이다. 생활 속에서 보이는 쓰레기를 버리듯, 보이지 않는 정신의 쓰레기도 비워줘야 한다. 속세의 삶 속에서 이런 삶을 병행하는 사람을 '재가수도자' 또는 '재가수행자'라고 부른다.

4
...

이해와 사랑을
과도하게 구걸하는 것은
덧없는 짓이다

온전히 이해받지 못한다고 안달하지 마라. 완전한 이해는 세상에 없다.

전부를 사랑받지 못한다고 우울해하지 마라. 완벽한 사랑도 인간에게
는 없다.

어차피 이해도 주관적인 '나름대로의 이해'요, 사랑도 감정적인 '나름대
로의 사랑'이기 때문이다. '나름대로 이해'와 '나름대로 사랑'이라는 것은
오해를 그 배경으로 하고 있다. 오해 속에서 자기 해석대로 이해하고, 그
속에서 자기 방식대로 사랑하는 것이다.

따라서, 사랑은 기분 좋은 오해요, 찬란한 빛깔의 오해라고 해도 과언
이 아니다. 마찬가지로 증오도 기분 나쁜 오해요, 음울한 빛깔의 오해라
고 할 수 있다. 어차피 인간은 오해의 바다에서 그때그때 일렁이는 파도
를 부분적으로 이해하면서 살고 있으니 말이다.

그래서 사랑받을 때는 너무 들뜨다가도 그게 아닌 듯싶으면 증오로 변하고, 미움받을 때는 한없이 가라앉다가 우울해한다. 본질을 온전하게 꿰뚫어 보지 못하고 일부만 볼 수 있는 색맹과 같으니, 그저 변하는 현상에 취해 천국과 지옥을 수없이 왔다 갔다 한다.

우주에 존재하는 절대 감각을 기준으로 볼 때, 어차피 인간은 색맹이고 청음장애자다. 세상에 존재하는 모든 소리를 들을 수도 없고, 모든 색깔을 볼 수도 없다. 보이는 것도 다 보지 못하는데 하물며 보이지 않는 마음을 어떻게 이해하겠는가? 자기 자신도 다 알지 못하는데 어떻게 남을 다 이해하겠는가? 그런 세상이기에 영악한 심리 사기꾼도 살아가게 마련이다.

이 세상에 태어나는 처음 순간, 우리는 오해 부터 출발해서 이해를 넓혀가는 것이다.

그것도 '자기 나름대로의 이해'를 말이다.

그러니 우리가 알 수 없는 세상이라면, '무슨 일이 있느냐?' 하는 것이 문제가 아니라 '어떻게 반응하느냐?' 하는 것이 더 중요하다. 비슷한 상황이라고 해서 똑같은 방법만이 능사가 아니고, 남이 효과를 보았다고 해서 나에게도 반드시 맞는 처방이 되지도 않는다. 부분이 아닌 전체를 관조하면서 나름대로 나의 방식을 찾아 삶을 실현하면 되는 것이다.

서로 다른 개성끼리 서로 충돌하고 수용하면서 생존의 최적 지대를 만들어가는 것이 세상 원리다. 그러니 내가 믿고 있는 진리는 오해와 이해가 혼합된 진리이고, 더 큰 진리의 한 부분이라는 점을 잊지 말자. 이에 대한 이해도가 없는 사람일수록 자기 소견으로 자리 잡은 진리를 잣대로 세상에 팻대를 세우고, 가까운 사람에게 상처를 입힌다. 그런 사람에게 동조하거나 피해를 방임하면 나 또한 세상을 그렇게 만드는데 일조한 공범이 될 수 있다.

이해와 오해의 본질을 바라보면서 사랑에 대한 지나친 집착에서 벗어나자. 증오에 대한 과도한 집중에서 해방되자. 왜곡된 이해의 피해자도 가해자도 되지 말자는 이야기다.

5
...

케세라 세라

'케세라 세라(Que sera sera)'는 스페인어로서 보통 '될 대로 되라!'라는 뜻으로 알려져 있다. 그래서 '에라 모르겠다!'하며 자포자기하는 부정적 의미로 알고 있는 경우가 많지만, 사실 본래 속뜻은 그게 아니다. '이루어 질 일은 언제나 이루어진다.'라는 긍정적 의미를 담고 있다. 그렇게 이해 가 된다면 비틀스(Beatles)의 노래 「Let it Be」가 우리를 강박관념에서 나오 게 하는 키워드임을 느낄 수 있다.

나는 이 글을 읽고 계신 독자들에게 '케세라 세라'나 'Let it Be'의 의미 를 '하늘에 내어 맡겨라'라는 말로 이해하기를 권한다. 이루어질 일은 이 루어지고 이루어지지 않을 일은 이루어지지 않을 것이기 때문이다.

3차원을 사는 이 땅에서, 갈등 없는 삶과 불안하고 초조하지 않은 삶 을 처음부터 끝까지 지속해서 산다는 것은 거의 불가능에 가깝다. 한눈

팔지 않고 열심히 살아서 어느 정도 재산과 지위를 확보했다고 하는 사람이라 할지라도 어느 순간이 도래하면, '지금까지 나는 뭘 위해 살아왔나?', '애태우면서 강퍅하게 살아온 지난날이 무슨 의미인가?' 돌아보게 된다. 이에 더 나아가서 건강을 잃고 치명적인 병마와 싸워야 하는 지경에 이르게 되면, 모든 것이 무너지고 허탈과 무력감에 빠질 수밖에 없다. 앞으로 맞아야 할 죽음도 두렵지만, 삶 자체도 허무할 수밖에 없다.

생존경쟁이 버거운 이 세상에서, 이상과 현실의 괴리는 우리가 상처받은 자로, 또는 상처받은 치유자로 살아가도록 인도한다. 바이러스가 충만한 세상에서 감염을 절대적으로 피할 수는 없다. 다만 면역력이 생겨서 그를 이기고 적응하는 길 만 있을 뿐이다. 마찬가지로 오뚝이가 바로 서는 것처럼 우리는 갈등과 흔들림 속에서 회복 탄력성에 의해서 난관과 장애를 딛고 그때마다 다시 일어설 뿐이다. 그렇다면 면역력과 회복력을 유지하는 것이 관건이라 하겠다.

부정적이고 불안한 생각과 과도한 스트레스는 면역력과 회복탄력성에 치명적으로 해가 된다는 것이 지금까지의 임상 결과다. 그래서 감당할 수 없는 무기력함을 느낄 때는 좌절을 넘어 삶의 의지까지 지켜 내기가 힘든 상황에 이르기도 한다.

이런 극단적인 상황에서 사람이 할 수 있는 처방은 '내어 맡기는 것' 뿐이다. 내어 맡기라고 하면 "어떻게 그렇게 무책임하게 말할 수 있느냐?" 하고 반문할 수 있다. "지금까지 어떻게 살아왔으며, 앞으로 할 일이 얼마나 많은데!" 하면서 반론할 수 있다.

그러나 곰곰이 생각해 보라.

내가 이 땅에 태어난 것이 내가 작정하고 계획해서 태어났던가?

내가 지금 숨 쉬고, 맥박이 뛰는 삶의 기본 기능이 내가 시켜서 되는 것인가?

내 몸도 내 맘대로 안 되는데, 하물며 남의 몸과 마음을 내 맘대로 할 수가 있겠는가?

이런 삶이 버겁다고 해서 내가 내 삶을 스스로 마감한다는 것은 또한 쉬운 일인가?

한마디로 나의 삶은 누군가 만들어 놓은 배를 타고, 내가 정하지 않은 항구로 여행하는 것이다.

"케세라 세라!"

"이루어질 일은 언제나 이루어진다."

6
···

'그 사람'과 '이 사람'을
동일시 하지 마라

'그 사람'과 '이 사람'의 화두는 정견(正見)의 삶을 강의하는 김연수 변리사의 말씀에서 비롯되었음을 미리 밝혀 둔다.

우리는 내게 상처 준 그때 '그 사람'을 좀처럼 잊지 못한다. 원한은 바위에 새기고 은혜는 물에 새긴다는 말이 맞는 것 같다. 세월이 흘러서 상황이 바뀌었고, 당사자 그 사람도 너무 많이 변했지만, 우리는 미움의 대상으로 자리 잡은 그때 그 사람에 대한 각인된 환상과 이미지를 좀처럼 떠나보내지 못한다. 그 결과, 세월이 지나도 과거 기억에 족쇄가 채워져 좀처럼 앞으로 나아가지 못하고 그 괴로움을 가슴에 안고 사는 경우가 많다.

온통 그때의 감정만을 죽기 살기로 붙들고 있다. 그게 무슨 보물단지도 아니건만 집착의 끈을 놓지 못한다. 이제는 환영에 불과한 '그 사람' 이미지를 가지고 혼자 속 끓이고 있다. 더구나 내성적인 성격에 혼자 사는 경우라면 더더욱 그 마음 감옥에서 좀처럼 헤어 나오지 못한다.

그때 '그 사람'을 지금 눈앞에서 만난다면 어떻겠는가?

과거 기억에 매몰되어 현재의 모습을 외면하겠는가?

눈앞에 실재하는 '이 사람'과 내 맘속에 기억되는 '그 사람'은 엄연히 다른 사람이다. 두 사람을 같은 사람이라고 규정하는 것은 현재 모습에다가 과거 이미지를 덧씌우는 것이다. 내 맘속 이미지, 즉 '그 사람'은 꿈속에서 나타나는 나의 아바타와 같은 것일 뿐인 데도 말이다.

그러므로 내 맘속에 있는 그 사람의 과거 이미지를 현재 이미지로 업데이트해야 한다. 그리고 눈앞에 있는 '이 사람'을 채점하지 말고, 지금 있는 그대로 봐주어야 한다. 그렇게만 된다면, 우리 마음속 과거 아픈 기억도 점점 희석되어 갈 것이다. 그러면 누가 이롭겠는가? 바로 나 자신에게 유익한 것 아닌가? 그런 줄 알면서도, 나를 맞춤형으로 괴롭히고 있는 그 허상을 왜 그토록 끌어안고 있는 것인가?

과거에 사로잡혀 있으면 현재가 노예가 되고, 미래에 사로잡히면 현재를 잃어버린다. 현재는 오로지 과거를 기억하기 위한 소모품이 되는 것이며, 미래로 연결하는 통로로만 여기기 때문이다. 지금 눈 앞에 펼쳐지는 우주의 선물과 진리의 환희를 도무지 느낄 겨를이 없는 것이다. 뿌리로부터 나온 잎새가 한 몸인 것처럼, 나와 세상을 분리하지 않고 커다란 유기적 생명장을 구성하는 한 지체로 본다면, 눈 앞에 펼쳐지는 모든 사건이 나의 일부다. 기억된 것들은 사실 이 안에서 인식된 이미지들이다.

과거의 허상 이미지에서 과감하게 깨어나라.

그리고 바라는 바 없이, 해석하는 바 없이, 어린 아이처럼 현재를 누려라.

제 **12** 장

회복을 위한
행진

1
..

마침내 좌절의 늪을 건넜다

"아내가 가출한 지 2년이 넘었습니다. 간헐적으로 나타나서 한 바탕씩 정신을 휘둘러놓고 사라졌지만, 그래도 그녀가 돌아올 수 있는 다리를 끊지 않기 위해서 온갖 억울한 사정 이야기를 세상에 함구하고 있었습니다. 관계된 사람들에게 마다 전후좌우 사실(팩트)과 진실을 속속들이 밝혀서 내 정당성과 도덕성을 온 천하에 드러내고 싶었던 유혹을 잘 참아내였습니다. 허전함과 창피함과 억울함과 자괴감의 고개를 무사히 넘어왔습니다."

"나를 향한 오해에서 시작된 온갖 모함, 나를 세상에서 매장하기 위해 악의적인 의도로 감행되었으나 결국 발각되어 드러난 거짓 증거 조작, 교묘한 수법의 금전 요구, 이해관계충돌로 대립하여있는 상대편 사람과 내통하면서 협공했던 토픽뉴스감들도 이제는 더 이상 나를 괴롭힐 수 없게 되었습니다. 내 마음이 기적같이 의연하고 초연할 수 있는 경지에 이르게 된 것이지요. 이제는 원망이 변하여 나를 괴롭혔던 사람들이 오히려 불쌍한 마음마저 생겼으니 말입니다."

"그동안 통하지 않는 벽 속에서 숨이 막혀 있었으나, 그 옆에 보이지 않던 더 큰 하늘문을 마침내 발견한 것입니다. 그동안 힘겹고 괴로웠던 사정들은 내 안목을 높이고 마음을 넓히는 '성장통'이었습니다. 태초부터 열려 있던 드넓은 세상에 눈을 뜨게 하는 도우미였습니다. 이것을 하늘의 은총, 구원이라 해도 좋고, 해탈이라고 표현해도 좋을 듯싶습니다."

"이제는 조급하지 않고 기다려 줄 수 있습니다. 진정, 돌이키는 마음으로 아내가 찾아오면 묻지도 따지지도 않고 맞아줄 마음의 여유도 생겼습니다. 설령 끝내 돌아오지 못한다고 하더라도 증오하지 않겠습니다. 지금 내가 실존하는 이 지구 행성에서 함께 호흡하며 살고 있다는 것만으로도 하늘길을 함께 가는 도반이라고 여기기 때문입니다. 언젠가 죽음 앞에 이를 때, 그동안 살아온 세상을 통째로 바라볼 수 있다면, 서로가 악이라고 규정하며 죽기 살기로 맞섰던 것들이 온갖 허상에 속고 속은 인간의 어리석음 그 자체, 그 이상도 이하도 아니었음을 여실히 볼 수 있을 것으로 믿기 때문입니다."

"하늘의 이름으로 사람이 운영하는 종교시스템의 역할과 한계가 곧 사람의 한계였다는 것도 이제는 눈치 보지 않고 말할 수 있습니다. 세상 이해관계에 따라 이합집산하는 친교집단의 실상도 모리배라고 하는 정치집

단과 별반 다르지 않다는 것도 이제는 말할 수 있습니다. 명예와 인기를 위한 허세, 먹고 먹히는 요지경 속 세상 먹이사슬, 자기가 만든 정신 감옥에서 스스로 걸어 나오지 못하는 헛똑똑이 인간의 모습이 이제는 보입니다."

"온전한 주관은 있어도 온전한 객관은 없다는 사실도 알게 되었습니다. 이성이 감성보다 상위에 위치한다고 볼 수 있지만, 결정적인 순간에는 감성 작용이 더 우세하다는 기능적 속성도 알게 되었습니다. '진리가 너희를 자유케 하리라' 하는 말도 이제 폭넓게 받아들일 수 있게 되었습니다. '중생과 부처가 둘이 아니요 하나'라는 말도 이제는 모순이 아닙니다. 결국 구원과 해탈의 열매는 행복이요, 행복의 기반은 '자유함'이라는 이치를 터득했으니까요. 여기에 이르기까지 깨우침이 되고 도우미가 되었던 팁들을 세상에 공유하고 싶습니다."

위의 글은 위기의 독거 생활을 슬기롭게 극복하면서 혜안의 세계로 승화시킨 P 선생의 자기 독백이다. 하나의 성공모델로 확신할 수 있기에 본인의 허락을 얻어 여기에 올린다. 그동안 그에게 적용되었던 갈등 해결의 실마리나 쾌도난마 같은 지혜들을 이 책 속에 녹여 내고자 한다.

2

...

시도해보기 전까지는 모른다

준비 안 된 상태에서 직장을 그만둔다거나 갑자기 홀로 사는 신세가 되면 처음엔 누구나 멘붕 상태에 빠지기 쉽다. 평소에 가지고 있던 능력도 발휘되기 어렵고 그나마 있던 용기도 어디에 숨었는지 의기소침해지면서 사람 만나는 것조차 두려울 수 있다. 더구나 나이 들어서는 더욱 그럴 수밖에 없다. 그동안 한 가지 일에만 종사해온 사람으로서 내가 지금까지 해 오던 일의 경험이 지금 처해있는 현실에서는 아무짝에도 소용없다는 생각에 무기력감에 빠지기 쉽다. 공부했던 전공도 자랑스럽게 여겨왔던 지난날의 지위도 한낮 지난밤 꿈속 일처럼 느껴지기 때문이다.

그러나 평생직장이 사라지고 백세시대를 살면서 우리가 어찌 평생 한 가지 일만 하면서 살 수 있겠는가? 더구나 점차 전공의 경계가 무너지고 통섭의 지식과 기술을 가지고 살아야만 하며 인공지능의 발달로 수많은 직종의 기존 직업이 사라지고 있는 이때 말이다. 홀로 사는 사람은 걸림

없이 결정하기가 좋다는 장점이 있다. 용기만 있다면 결단하기 딱 좋은 조건이다.

그러기 위해서는 일생 대여섯 가지 직종의 일을 경험한다는 생각을 가지고 흥미롭고 유익한 일을 찾아볼 필요가 있다. 관련된 책을 읽어보고 필요하다면 그 분야에서 성공한 분들을 찾아 멘토로 삼을 수도 있다.

태어나면서부터 전공이 정해진 사람은 없다. 시도해보지도 않은 사람이 대가가 되는 경우도 없다. 결국 남보다 한발 앞서서 앞을 내다보았거나 용기를 내어 시도해본 사람이 결국 그 분야에서 두각을 나타내게 된다. 일단 용기를 내어 시도해보라. 부족한 전문지식은 그 일을 하면서 채워가는 것이다. 한 문이 닫히면 다른 한 문이 열린다. 우울하고 감상에 젖어 있을 그 시간에 다른 문을 찾아보자. 그것이 위기의 벽에서 기회의 문을 찾아내는 첫 번째 길이다.

그러려면 멘토를 찾아 만나야 하고, 일회성 만남으로 그치지 않기 위해서는 멘토의 전공과 관련된 책을 미리 읽고 사전 지식을 남보다 조금 더 갖춘 상태에서 진지함을 보여줄 수 있어야 한다. 결국 준비하는 사람, 그 분야에 진지한 사람에게만 스치는 기회는 붙잡히는 기회로 바뀔 수 있는 것이다.

한국의 대표적인 생태학자이자 초대 국립생태원 원장을 지내신 최재천 교수도 하버드대 관련분야 세계 최고의 교수에게 이메일 보내는 일을 시도

함으로써 쉽게 열릴 수 없는 소중한 만남의 문을 열었고, 그것이 지금 한국 최고의 생태학자가 되는 결정적 역할을 해 주었다고 한다.

어떤 일을 주저하거나 부정적인 말을 하는 임원들에게 "그 일을 해보기나 했어?"라고 말했던 현대그룹 창업자 정주영 회장의 일화는 너무나 유명하다.

또한 "남자한테 참 좋은데, 어떻게 표현할 방법이 없네!"라는 광고로 크게 성공한 천호식품 김영식 회장의 일화 또한 본받을 만하다. 언감생심 미국 대통령에게 감히 자기 회사 건강제품을 선물로 보내고 감사장까지 받아내는 용기와 기발한 마케팅아이디어는 엉뚱하다고까지 할 정도다. 그는 말한다. "스스로 생각해도 참으로 기특한 나의 스타일 한가지, 일단 해 본다는 것! 한번 결정하면 줄기차게 밀고 나간다는 것! 그 결과 이만큼이라도 왔지, 매번 심사숙고만 하고 행동으로 옮기는 것을 주저했다면 아직도 '그 나물에 그 밥'일 것이다."

싱글족들이여!
자기 행복과 자아실현을 위하여 망설이지만 말고 문을 두드려라.
시도해도 후회하고 망설이기만 해도 후회한다면, 시도해보라.
최소한 경험이라도 남는다.

3

...

시련을 기회로 삼아라

낯설고 갑작스러운 독거 생활은 외로움과 괴로움을 동반할 확률이 대부분이다. 초반에는 아무래도 응급처치 수준의 방법을 찾아 실천하면서 극복할 필요가 있다. 그런 초기단계극복과정에 일차 성공하여 좀 더 의연한 단계에 이르게 되면, 장기적인 목표를 세워 병행하는 것이 효과적이다.

지금 처하고 있는 남다른 시련의 환경을 나만이 가질 수 있는 독자적인 경험과 수련의 기회로 삼는 것이다.

우리나라에서 봄철에 푸짐하게 꽃을 피우는 개나리 나무를 호주에 가지고 가서 심었더니 나무는 무성하게 자라는데 꽃이 피지 않았다. 그것이 궁금해서 개나리꽃 전문가에게 물었더니, 개나리를 심은 그곳에 겨울이 있느냐고 오히려 반문 하더라는 것이었다. 호주 땅에는 겨울이 없기에 개나리가 꽃을 피울 수 없다는 사실을 알게 되었다. 겨울 추위는 단순한 시련이 아니라 봄꽃이 피어나기 위한 기본 발판이고 기회의 문이었던 것이다.

어느 시인은 간단하지만 이렇게 의미 있는 시를 쓰고 있다.

"한 여자에게 버림받은 순간, 나는 시인이 되고, 한 여자에게 선택되는 순간, 나는 남편이 되었다." 평범한 일상 속에서는 모든 시간을 나에게 집중할 수 있는 사람도 없거니와 언제나 나 자신이 주인공이 될 수도 없다. 그러기에 결핍의 순간에 새로운 가능성을 바라보자.

위대한 사람들의 발명이나 작품이나 업적들은 대부분 평범치 않은 비상한 상황에서 태동 되었음을 상기할 필요가 있다.

철학의 아버지 소크라테스 곁에는 그를 이해하지 못하고 남편을 힘들게 했던, 그래서 악처라고 알려진 아내가 있었고, 미국의 위대한 대통령 에이브러햄 링컨도 아들만 4형제를 두었으나 장남인 로버트 외에 3형제가 어른이 되기 전에 죽었다. 정신적으로 힘들었던 그의 아내는 백악관 안주인으로는 부당하다는 언론의 비판도 따랐다. 독실한 신앙의 사람이라고 하는 링컨이지만 젊은 시절 워싱턴에 있는 교회에 다니면서 종교에 대한 회의적인 생각으로 오히려 교회의 제도적 틀에 얽매이기 싫어 어떤 교파에도 속하지 않고 오히려 자유주의적인 생각을 가지고도 있었다. 평범치 않은 온갖 시련을 극복하면서 그의 인격은 크게 성장한 것이다.

조선 후기 대표적인 실학자요 위대한 조상으로, 오늘날까지도 공무원들의 정신적 표상으로 존경받는 다산 정약용은, 정조의 총애를 받다가 신

유사옥 이후 전라남도 강진으로 유배당한 고독한 시절에 그곳에서 독서와 저술에 힘을 기울여 위대한 작품을 후손에 남겼다. 만약 다산이 그 당시 유배당하는 고통의 시간이 없었다면, 또 그 시련의 시간에 글을 쓰지 않고 원망과 회한의 시간으로만 보냈더라면, 오늘날까지 존경받고 후대에 정신적 멘토가 되는 위대한 민족의 대학자가 될 수 있었을까? 경세유표, 목민심서, 흠흠신서, 외에도 홍역과 천연두 치료를 위한 책을 썼던 것도 그가 자신에게 처한 갖가지 시련의 환경을 기회로 삼았던 결과물인 것이다.

그래서 시련을 기회로 삼기 위한 장기 프로젝트로 추천할 수 있는 것이 바로 글쓰기다. 평범하지 않은 자신의 처지나 환경을 소재로 글을 쓰는 것이다. 글을 쓰면 두 가지의 유익한 점이 있다.

우선 첫 번째 글을 쓰는 동안 중구난방으로 자신의 머릿속을 어지럽히며 시도 때도 없이 자신을 괴롭혔던 피해의식이나 온갖 망상들이 정리되면서 정신에 여유 공간이 생긴다. 흐트러진 책장이나 옷장, 또는 집 안 청소를 하면 정신이 맑아지는 것과 동일한 효과를 보는 것이다. 그래서 편향적이던 생각도 교정되며 혼탁했던 마음도 정화되는 선물을 받게 된다.

두 번째로 유익한 것은 답답함이 해소되며 정신의 그릇이 커진다. 누군가에게 내 억울한 사정을 말하고 싶을 때도 있지만, 남에게 선불리 말을 하게 되면 부작용이 생길 확률이 높다. 말을 안 해서 후회되는 경우보다 말을 해버렸기 때문에 후회되는 경우가 훨씬 더 크기 때문이다. 글로 쓰는 것은 믿을 만한 누군가에게 자신의 속사정을 털어놓는 것과 같은 효과가 있어 정신건강에 크게 도움이 된다. 부작용 없는 약을 먹는 셈이다. 자기 속내를 글로 표현하는 순간은 정신과 전문의사와 자기 고민을 털어놓으면서 치유를 경험하는 것과 같은 치유를 경험하게 한다.

또한 글은 수정이 가능하다. 오해를 이해로, 거짓을 진실로 바로잡을 기회가 있다. 큰 사고를 예방하는 안전망도 되는 것이다.

4
...

인생은 자신을 알아가는 여정

혼자 있을 때야말로 자신과 대면할 수 있는 가장 정직하고 절실한 기회다. 누구에게도 방해받지 않고, 남의 눈치 볼 것도 없이 나의 욕구와 내면의 성품을 정직하게 만나볼 수 있기 때문이다. 우리는 나답지 않은 삶이라는 것을 뻔히 알면서도 그렇게 사는 것에 익숙해 있다가 진정 나 자신이 무엇을 원하는지 모르는 상태로 혼란스러워하며 남이 정해 놓은 기준을 따라 살다가 탈진하는 사람들이 의외로 많다.

남의 인생이 아니라 내 인생을 살려면, 어떻게 사는 것이 나에게 가장 맞는 삶일까? 어떤 방향으로 살아가야 내게 의미와 재미를 동시에 누릴 수 있는 것인가를 고민하지 않은 채, 그저 정신없이 바쁘게만 살다가 탈진해버리는 삶이 개미 쳇바퀴 돌 듯하는 현대인의 일반적 삶의 모습이다. 삶이라는 것이 어찌 보면 정직하게 나를 찾아가는 여정일 수밖에 없는데도 말이다.

그런데 왜 우리는 고유한 내 삶의 여정을 발견하기가 어려울까?

삶의 의미와 가치를 자기 밖에서 찾기 때문이다. 만족도 행복도 가치도 타인의 인정에 따라 평가받는 데 익숙하며, 남과 비교를 통해서 자신의 성공을 드러내야 하므로, 내가 정한 목표에 이르는 것보다 남을 앞지르는 데 에너지를 소진하고 있기 때문이다. 비교하면 불행해진다는 것을 모를 리 없으면서도 끊임없이 서열을 매기고 남들보다 앞서가야 잘 사는 것이라고 의심 없이 믿어왔기 때문이다.

그렇다면 나만의 고유한 가치와 나를 구현하는 일은 어떤 것일까?

우선, 내가 추구하는 것이 나의 재능과 취향과 능력에 어울려야 한다. 그래서 끊임없이 열정을 쏟아 부어도 쉽게 지치지 않는 것, 무엇보다도 그 목표를 추구할 때 남이 아니라 나 자신이 만족할 수 있는 일이어야 한다.

또한 우리는 내 주위의 모든 사람에게 인정받을 수도 없거니와 또 모든 사람에게 인정받을 필요도 없다. 실수나 실패와 관계없이 내가 실존하고 있다는 것 자체가 선물이기 때문이다.

어차피 홀로 있을 수밖에 없는 처지라면, 원망과 회한에 빠지지 말고, 차분하게 나 자신의 솔직한 모습과 그에 맞는 여정을 발견하는 소중한 기회로 삼을 일이다.

5
...

일단 시도하고 시정해가라

상황이 너무나 복잡한 나머지 이렇게도 할 수 없고 저렇게도 할 수 없어서, 문제 해결을 위한 결정을 하지 못한 채 당면한 문제 속에서 애만 태우고 있을 때가 있다. 일반적으로 문제를 해결하기 위하여 어떤 일을 처음으로 시작하기 위해서는 사전에 치밀한 전략 전술이 필요하다. 그러나 그건 일반적인 상황에서의 논리다. 그렇다면, 한 번도 경험해보지 못한 복잡한 사슬에 얽매여 출구가 전혀 보이지 않을 때는 어떻게 하는 것이 현명한 것일까?

그럴 때는 복잡한 시각을 단순화시킬 필요가 있다. 계속 생각에만 빠져 있지 말고 시행착오를 각오하고 일단 시도해보는 것이다. 기한이 정해져 있는 인생을 살면서 우리가 후회하는 것은 어떤 일에 도전했다가 실패하는 경우보다, 그런 일들을 처음부터 시도조차 하지 못한 경우가 훨씬 더 많다는 사실을 기억하자.

여기서 유리병 속에 갇힌 벌과 파리가 어떻게 출구를 찾아 자유의 몸이 되는가 하는 어느 분의 실험 이야기를 한 번 더 인용한다.

똑같은 마릿수의 벌과 파리를 병 속에 넣고 바닥을 빛이 들어오는 창 쪽을 향하게 병을 뉘어 놓는다. 그러면 벌은 밝은 방향에 출구가 있다는 고정관념이 강하기 때문에 병 밑바닥이 있는 밝은 쪽으로만 줄기차게 출구를 찾다가 끝내 지쳐버린다. 이에 반해 파리는 단지 몇 분 내에 반대쪽 병 주둥이로 그곳을 빠져나가 자유의 몸이 된다. 벌은 밝은 쪽이 밖으로 나가는 출구가 있다는 기존 지식에 논리적으로 합치되는 행동만을 취한다. 벌에게는 지금 갇혀 있는 유리병은 이제까지 한 번도 경험해보지 않은 초자연적인 현상인 것이다. 그래서 전무후무한 난제 속에 있는 것이다. 그러나 파리는 논리나 경험, 규칙에 함몰되지 않고 빛의 방향 따위를 고려하지 않은 채, 이리저리 날아다녀 보면서 여기저기 부딪혀보는 과정을 통해 출구를 발견하게 되고 마침내 자유의 몸이 되는 것이다.

또 하나의 사례를 소개하겠다.

어느 신문사 기자가 엄청난 채무 관계로 멘붕 상태에 빠져있어, 죽고싶다고 필자에게 자신의 심정을 털어놓았다. 살아서는 해결할 수 없으니 죽음으로 해결하겠다는 이야기다. 그러나 그 방법은 해결 방법이 아니라 회피 방법일 뿐이다. 그래서 필자가 그 기자에게 말했다. 머리가 빠개질 정도로 복잡할 때는 응급조치로 "생각을 단순화해라.", "아이큐를 두 자리

숫자로 낮춰라." 말도 안 되는 이야기인 줄 알면서도 그렇게 권해주었다. 그러면서 말만 할 수가 없어서 릭 워렌 저자의 책『목적이 이끄는 삶』을 선물했다. 채무 고민에만 함몰되어 있어서 정상적인 사고를 할 수 없는 그가 자기 사업과 전혀 무관한 책을 읽으며 복잡한 생각을 잠시 멈춰보라는 의미에서였다.

1년이 조금 지난 어느 날, 그에게서 연락이 왔다. 점심 대접을 하고 싶다는 것이다. 간단하게 결론만 설명하자면 그가 출구를 발견하고 해결의 길로 접어든 것이다. 위에서 말한 벌의 행동이 아니라, 단순 반복을 통한 파리의 행동을 할 수 있게 된 그는 의외의 장소에서 뜻밖의 귀인을 만나 일이 잘 풀려간다고 했다. 그래서 그는 지금까지 처음 경험해보는 문제와 그 문제가 해결되는 과정을 신의 은총이라고까지 하면서 자신이 지금 그것을 간증하고 있는 것이라고 했다.

당사자인 그도 그렇거니와 우연히 그에게 권면의 말을 해 주었던 나 자신도 또 하나의 교훈을 얻게 된 것이다. "너무나도 엄청난 문제에 봉착했을 때 그것을 돌파하는 방법은 의외로 단순한 것에 있고, 그것을 시도해 보는 데 있다."라는 교훈이다.

6
...

자투리 시간을 관리하라

혼자 사는 사람이 정신적으로 가장 취약한 시간이 자투리 시간이다. 규칙적인 일이나 행사와 같은 일을 하는 동안에는 외로울 시간도 감상에 젖을 시간도 없지만, 문제가 되는 것은 잠 못 이루는 밤이나 분주한 일과 일 사이에 온갖 잡념이 떠오르는 여분의 시간이다.

대개 자기 계발을 위해서 굵직한 목표를 정하고 그에 따라 시간 계획을 세운다. 이렇게 야심 찬 계획을 세우고 실천해 나아간다고 하더라도 자투리 시간은 수시로 있을 수밖에 없다. 문제는 이 자투리 시간이 마음이 흔들리기 딱 좋은 시간이라는 것이다. 그런데도 이토록 취약한 자투리 시간을 어떻게 유용하게 할 것인가에 대해서는 대개 간과하기 쉽다.

자투리 시간이 관리되지 못하면 굵직한 시간에서 충실하게 목적을 달성하기가 어렵다는 것이 현실적인 문제다. 우리의 몸과 정신은 시간 계획에 따라서 칼로 무 자르듯 단절하거나 구분할 수 없다는 것이다. 나의 몸은 연속된 컨디션 속에서 흐름을 타는 존재이기 때문이다.

　실상 우리의 구분된 계획 시간 중에서 마주하는 횟수가 가장 많은 시간이 자투리 시간이다. 시도 때도 없다. 마치 악보에 쉼표가 곳곳에 설정된 것처럼 말이다.
　그래서 이 자투리 시간을 만나면 어느 때고 그 시간을 활용할 수 있는 생산적인 과제를 정해 놓고 실천할 것을 강력하게 권한다.

　자투리 시간에 할 과제의 종류는 시간이 날 때마다 보충하고 가다듬으면서 더 진전된 결과를 보일 수 있는 일이면 좋다. 마감 시간이 정해지지 않은 작품을 만들어 가는 일이 제격이다. 그림도 좋고, 서예도 좋고, 재능이 있다면 작곡이나 작사도 좋다. 무료한 시간이 되면 자동으로 그 작품 활동 시간으로 들어가도록 습관을 들이는 것이다.
　오랜 시간이 지나다 보면, 굵직한 계획으로 이루어 낸 성과보다 자투리 시간을 활용한 결과물이 의외로 나를 지켜주는 보물이 될 수 있다. 오랫동안 내공이 쌓이고, 영혼이 깃든 결과물이 나올 확률이 높기 때문이다. 무엇보다도 마감 시간에 쫓기지 않으니 더 많은 정성을 들일 수 있기 때문이다. 아울러 그 시간에 내가 어떤 생각을 가지고 어떻게 보냈느냐 하는 증거나 알리바이도 된다는 점에서 일석이조라고 할 만하다.
　그러므로 우리가 어떤 계획을 세울 때 비상시를 대비한 플랜B를 세우는 것만큼, 혼자 사는 사람은 자투리 시간 계획을 반드시 세우고 실천하는 것이 대단히 중요하다.

　자투리 시간에 자동으로 하는 일을 만들어라.
　자투리 시간에 자동으로 가는 곳을 만들어라.

　자투리 시간에 자동으로 하는 일을 만드는 것이 중요하듯, 그 시간에 자동으로 가는 건전한 곳이 있으면 좋겠다. 책방도 좋고, 야생화 꽃밭도 좋고, 무작정 걸을 수 있는 코스도 좋고, 재능기부나 자원봉사 하는 곳도 좋다. 무언가 할 수 있는 길로 나서는 것이다. 뜻이 있는 곳에 길이 있지만, 길로 가다 보면 나만의 뜻이 세워지기도 한다. 그 길은 밖으로 향하는 길이기도 하지만, 나 자신을 발견하도록 안으로 인도하는 길이기도 하기 때문이다.

　무엇이든 자주 접하면 익숙하게 되고 익숙해지면 자신감이 생긴다. 자신감이 생기면 기회가 왔을 때 도전하게 된다. 어느새 준비되어 있기 때문이다. 이러한 도전이 인간의 흐름을 바꾸는 것이지 어느 순간에 하늘의 계시가 번개처럼 내려져서 인생이 바뀌는 경우는 흔하지도 않고 안전하지도 않다.
　그래서 사람이 자리를 만들 수도 있지만, 자리가 사람을 만들기도 한다는 것을 기억할 필요가 있다, 그 자리가 바로 기회의 자리이기 때문이다.

7
...

젊어서는 국·영·수,
늙어서는 예체능

젊은 학창 시절에 하는 공부는 당장 시험성적을 위해서 열심히 한다. 예컨대 국어, 영어, 수학을 열심히 공부하는 것은 그것이 좋아서라기보다 시험의 필수과목이기 때문이라고 하는 것이 솔직한 이유라고 할 것이다.

그때는 그것이 절실하고 필요하다는 것을 인정한다.

직장에서 젊은 세대들이 하는 공부는 대개 돈이 되는 공부다. 자격증을 획득한다든지 자기 업무와 관련된 전공과목이라든지 돈이 되는 주식 공부라든지 자기 자리보전이나 승진을 위해 필요한 공부를 한다.

그때도 그것이 절실하고 필요하다는 것을 인정한다.

그러나 노년으로 갈수록 돈 버는 공부는 성공할 확률도 낮고 젊은 사람만큼 경쟁력도 없다. 생리적으로 따라갈 수 없기 때문이다. 그러므로 이때부터는 자기가 잘 놀 수 있는 공부, 자아를 실현할 수 있는 공부, 정신적으로 성숙하거나 즐거움을 더해줄 수 있는 공부를 하는 것이다. 이 공부는 젊은 시절 시험의 필수과목이 아니라 그동안 별로 신경 쓰지 않던 예체능이라 하겠다. 예체능이라 표현했지만, 엄밀히 말해서 필수과목에 속하지 않았던 비 필수과목을 총칭하는 의미다.

종교나 철학, 우주 물리학, 문학이나 뇌과학, 또는 동양고전도 좋고 우리나라 전통 노래도 좋다. 디자인도 좋고 요리도 좋다. 젊은 시절에 눈 돌릴 여지가 없었던 영역의 것들이다. 어느 분야든 전문가급 스타는 있다. 어느 분야에서의 스타이든 간에 스타는 똑같은 스타다. 군대에서 계급장이 달린 것을 보면 대령까지는 병과가 있지만, 스타 장군부터는 병과가 없다. 장군은 병과를 초월해서 장군이라는 것이다.

외국 VIP 손님 가족이 우리나라를 방문했을 때의 일이다. 여러 종류의 스타급 인사들이 함께 모인 자리에서 외국 여성 VIP들에게 가장 인기 있고 싸인까지 받으려고 몰렸던 스타는 재벌도 아니고, 정치인도 아니고, 작고하신 앙드레 김이었다는 것을 인상 깊게 경험하면서 스타는 경중이 없다는 사실을 절실히 경험할 수 있었다.

젊어서 하는 공부가 어쩔 수 없어서 하는 것이라면, 늙어가면서 하는 공부는 좋아서 하는 공부라야 한다. 인생전반을 놓고 볼 때는 인생 후반전에 하는 공부가 진짜 인생 공부다. 사람이 살아가는 수단이 아니라 사는 목적을 헤아리는데 혜안과 안목을 더해주기 때문이다.

백세시대를 사는 가운데, 인생 후반전에 싱글족이 되었다면, 좋아하는 것을 남 눈치 보지 말고 경험하면서 공부할 것을 권한다. 삶의 활력과 의미를 더해 줄 것이다. 공부 과목도 맞는 때가 있다.

8
...

관계를 손상한 잘못된 대화

대화는 말하는 사람의 수사학이 아니라 듣는 사람의 심리학이다.

지난날 관계가 실패된 원인을 보면, 한마디로 소통 부재다. 대화하는 기술의 미흡이다. 특히 진지하거나 예민한 주제로 대화할 때, 대화의 규칙이 정해져 있지 않거나 그 규칙을 실천하지 않기 때문에 삼천포로 빠진다. 감정에 매몰되면 당초 잘해보려고 했던 의도나 목적 또는 대화의 주제(Topic)가 실종되어 버리기 때문이다.

지금, 감정악화로 갈등하고 언쟁했던 지난날의 기억을 떠올려보라. 인상 쓰며 대드는 상대방의 얼굴모습과 고성을 질렀던 앙칼진 목소리만 기억될 뿐, 잘해보려고 시도했던 그날의 대화 주제(Topic)는 생각나지 않는 경우가 대부분이라는 것이 그것을 증명한다.

① 규칙이 중요했다

부정적인 관계로 소통이 잘 안 되면서 긍정적인 관계 에너지를 만들어 내는 것은 불가능하다. 그러므로 긍정적 에너지를 재생시키기 위해서는 먼저 지난날의 부정적 감정에 대한 언급이 있어야 한다. 그때 그곳에서의 감정 덩어리 그 말이, 지금 여기에서 말로 재현시켜서 더 성숙한 안목과 안정된 정서를 통해 이해되거나 재해석되어야 한다. 그 당시에 꽂혔던 말과 행동에 대한 상처 기억은 시간이 지난다고 해서 저절로 없어지지 않기 때문이다.

뒷골목에서 깡패들이 죽기 살기로 싸우는 것과 링 위에서 킥복싱 하는 경기와의 구별은 바로 규칙이 있느냐 없느냐 하는 것이다. 규칙이 있는 스포츠는 감정 찌꺼기가 없고 원한이 없다. 대화함에서도 규칙이 지켜져야 대화로서 결실을 볼 수 있지만, 규칙이 무너지면 진흙탕 싸움이 될 뿐이다. 서로 넘어서는 안 될 말과 행동을 정하고 또 가능하면 시간과 장소도 정하는 것이 바람직하다.

② 극단적인 호칭이나 극단적인 용어 사용 자제가 필요했다.

말의 내용보다도 사용되는 단어가 더 감정을 자극하기 쉽다. 같은 단어를 말한다고 해도 그곳에 감정이 실리면 전혀 다른 의미로 전달될 수 있다.

대화는 화자의 논리학이나 수사학이 아니라 청자의 심리학이기 때문이다. 그러므로 듣는 사람의 심리를 염두에 두지 않은 대화는 적을 모르고 싸우는 것과 같고, 고객을 모르면서 무모한 마케팅을 하는 것이나 다름 없다.

내가 어떤 의도로 이야기했느냐 하는 것보다 상대가 어떤 의미로 이해했느냐에 따라서 대화의 결론은 전혀 다르게 나타난다. 상대가 받을 수 없도록 무분별하게 던지는 것은 대화가 아니라 해코지다. 상대가 받을 수 있도록 조절해서 던져주는 말이라야 본래 의도했던 주제에 상응한 대화다. '모 아니면 도', '죽기 아니면 살기'의 표현은 대화 성공의 확률을 떨어뜨리는 지름길이다.

③ 피곤하면 이해 능력과 호응 능력이 현저히 떨어진다.

그래서 말싸움하더라도 잘 자고 잘 먹고 싸우라는 말이 있다. 탈진된 상태에서 아무리 좋은 말을 듣는다 해도 수용 능력은 떨어질 수밖에 없다. 이해나 지혜의 가동 능력도 현저히 떨어질 수밖에 없다. 그릇이 준비되지 않았는데 물을 퍼붓는 것은 에너지 낭비일 뿐이다. 당사자의 컨디션이 대화의 성공 여부를 가리는 중요한 요인이 되기 때문이다. 예컨대 회사에서 중요한 내용의 기안서류를 CEO에게 결재하려 할 때, 비서실을 통해 결재권자의 컨디션을 알아보는 것도 이런 맥락에서 행하는 지혜요 요령이다.

④ 말꼬리 잡기의 위험성

말꼬리를 물고 늘어지는 것은 주제(Topic)에서 벗어나 엉뚱한 싸움으로 번지게 하는 지름길이다. 가장 좋은 대화는 정해진 주제에서 벗어나지 않고 결론에 이르는 것이다. 결국 대화하는 목적이 상대와 좋은 관계를 유지하여 그 상대로 하여금 내가 원하는 방향으로 행동하게 하는 것인데 상대에게 혐오감을 주면서 협조를 얻어낼 수는 없다.

⑤ 일방적인 요구는 설득되지 않았다.

대화하거나 상대에게 요구하는 것의 목적은 나의 만족을 돕기 위함이다. 만족(滿足)이라는 한자는 찰 만(滿)자와 발 족(足)자 이다. 몸이 다 차는 것이 아니라 발목이 차는 것이다. 그런데도 우리는 내가 원하는 것 전부(100%) 얻기를 바란다. 그렇게 되도록 가능한 선택은 없다. 손해보다 이익이 많으면 선택하는 것이다. 단번에 뿌리를 뽑아오겠다는 것은 욕심이라기보다 망상이다.

9
...

관계를 복원할 지혜로운 대화

① 초두효과와 메라비언 효과

상반되는 느낌이나 정보가 시간 간격을 두고 주어지게 되면 정보처리 과정에서 초기정보가 후기정보보다 더 강하게 작용하는 것을 초두효과라고 한다. 그러기에 대화를 시작하는 호칭이나 첫 마디, 첫인상이 대단히 중요하다. 그래서 처음 만났을 때의 첫인상이 바뀌려면 최소 60번을 만나야 한다는 데이터도 있다.

상대방에 대한 인상이나 호감을 결정하는 데는 말하는 내용이 7%, 목소리가 38%, 표정이나 이미지가 55% 영향을 미친다는 이론을 메라비언 효과(7-38-55 법칙)라고 한다. 사람은 누구나 정서적 촉각을 가지고 있어서 친절한 말투와 온유한 목소리 그리고 그 너머의 이면을 읽을 수 있다. 한 마디로 정보를 받아들이는 청자의 심리는 '안(눈), 이(귀), 비(코), 설(혀), 신

(몸), 의(의식)'라는 온몸의 감각기관이 작동하면서 느낌을 받는 것이다.

그래서 같은 말이라도 '아' 다르고 '어' 다르다는 것이며 같은 단어라도 내면의 심리가 드러나는 표정에 따라 다르다는 것이다. 결국 진실함이 결여된 대화는 진실한 결과를 얻어낼 수 없다. 용어는 속여도 표정은 속일 수 없고 표정은 속여도 양심은 속일 수 없기 때문이다.

② 대화의 목적은 협력을 끌어내는 것이지 말싸움에서 이기는 것이 아니다.

말은 맞는 말인데 기분 나쁜 말이 있고, 맞지 않는 말을 하는데 기분 덜 나쁜 말이 있다. 어느 경우의 대화든 대화의 목적이 상생적이어야 한다. 선한 대화의 목적을 달성하려면 그 수단, 즉 말의 표현도 선해야 한다. 서로 간 신뢰 자본이 축적된 관계라면 그냥 넘어갈 수 있는 문제라도 그렇지 않은 관계에서는 곧바로 문제가 될 수도 있다. 결과가 파국으로 가도록 하면서 옳은 말을 수백 번 해서 상대를 제압한들 무슨 유익이 있겠는가? 그런 것을 소탐대실이라고 한다. 대화하기 위한 최초 목적과 주제를 벗어나는 말은 혼잣말이라도 하지 말아야 한다. 악착같이 말싸움에서 매번 이긴다고 해서 상처뿐인 승리라면 무슨 영광이 있을 수 있겠는가?

③ 말 끊고 끼어들기는 말꼬리 잡는 것만큼 얄밉다.

대화에서 제일 중요한 것은 말하는 기술보다 말을 듣는 능력이다. 말은 누구나 잘한다고 생각하지만, 들을 수 있는 능력은 내공이 필요하다. 타고난 성품과 메타인지 능력이 함께 갖춰져야 하기 때문이다. 그래서 말하기를 배우는 것은 3년 걸리는데, 말 잘 듣는 것을 배우는 데는 30년 걸린다고 하지 않던가?

내가 이런 말을 했을 때 상대는 어떻게 이해하게 될 것인가? 듣지는 않고 내 말만 초지일관하는 내 모습은 상대에게 어떻게 비칠까? 제3자의 눈으로 나를 바라볼 수 있어야 성공적인 대화를 이끌어 갈 수 있다.

④ 누가 잘못인가 하는 것보다 무엇이 잘못되었는가에 초점을 맞춰라.

아무리 잘못한 사람이라도 질책 받는 것이 기분 좋은 사람은 없고, 아무리 낮은 위치에 있어도 훈계받는 것이 좋은 사람은 없다. 기분이 상하면서 진실로 동의하는 경우는 없다. 다만 면전에서 동의하는 척할 뿐이다. 문제 해결 목적이 아니라 사람을 버릴 것이라면 구태여 대화할 필요조차 없지 않은가? 그러니 문제를 사람에게로 가져가지 말자. 누가 잘못인가에 집중하면 대결이 나오고, 무엇이 잘못되었는가에 집중하면 방법이 나온다.

훈시하는 회의, 싸움하는 대화, 군기 잡는 설교는 그동안 우리를 불편하게 했던 잘못된 관행이었다는 점을 교훈 삼을 필요가 있다.

손상된 지난날의 관계를 회복하기 위해서 대화를 시작한다면 이런 점들을 고려하면서 긍정적이고 온유한 자세로 임할 수 있는 각오와 주의가 필요하다. 언쟁으로 끝날 것 같으면 차라리 여건이 성숙 될 때까지 대화를 미루는 것이 더 좋을 수도 있다.

⑤ 상대만이 아니라 동시에 나를 이해해야 한다.

나를 이해한다는 것은 연인이나 부부간 또는 부모와 자식 간의 대화에서 내 감정이 왜 그때 그랬는지? 그런 감정이 생기게 된 배경은 무엇인지? 이해하는 것이 먼저다. 그 당시 나의 기분과 감정 상태를 이해하는 것이 상대를 이해할 수 있는 열쇠가 된다. 상대가 A를 말했는데 나는 B로 들었고 성급하게 Z로 단정해 버렸을 수도 있기 때문이다.

⑥ 그 말이 진심일까?

감정이 격해지다 보면 진정 마음에도 없는 말을 내뱉는 경우가 많다. 화장실에서 대변을 배출하는 것이나 대화 중 마음에도 없는 막말을 쏟아내는 것이나 악취가 나기는 매한가지다. 막말도 습관이 들고 그 습관이 자주 표출되다 보면 관계가 심각하게 훼손될 확률이 높다. 격한 감정 컨트롤이 잘 되질 않아서 극단적인 말을 절제 없이 쏟아내는 경우 대부분 마음에 있지도 않았던 말을 경쟁적으로 무모하게 쏟아낸다. 이 경우 상대방이 지금 흥분 중에 하는 그 말이 진심일까? 하고 습관적으로 집어볼 필요가 있다. 그리고 우리의 대화가 왜 자꾸 오해되고 있는지를 진술하게, 비난하지 않으면서 얘기해볼 필요가 있다. 그래야 A를 말했는데 B로 오해하지 않게 되고, 엉뚱하게 삼천포로 빠지는 파국, 즉 Z로 치닫는 불행을 막을 수 있기 때문이다.

⑦ 인격의 뿌리가 되는 조상을 들먹이지 마라.

문제와 존재에 연결된 모든 사람을 들추어내려 한다면 지구상 온 인류가 연결되지 않는 부분이 없다. 부부의 문제는 부부의 범위 내에서, 형제의 문제는 형제의 범위 내에서만 논해야 한다. 조상을 건드리는 것은 뿌리를 건드리는 것이다. 존재 자체가 상심 당하는 극히 위험한 건드림이다. 조상을 따지고 올라가다 보면 우리는 한 뿌리, 한 조상일 수밖에 없다는 사실을 인정한다면 조상을 들먹이는 것이야말로 누워서 침 뱉기다. 진정 사랑하는 가족의 급소를 건드리는 것은 가족을 포기하는 것이거나 자기 자신이 가족의 일원이 될 수 있는 기본 자질이 없는 사람이라고 봐야 할 것이다.

⑧ 아이 메시지를 사용해라

상대를 직접적으로 단죄하거나 평가하는 것보다는 상대의 행동에 따라서 나의 감정이 어떠했다고 이야기해야 한다. 그래야 상대가 아닌 나의 문제요, 나의 이야기가 되는 것이다. 그것을 아이메시지라고 한다. 상대가 아니라 내 감정이 그렇게 느꼈다면 그것은 주관적인 것이기 때문에 객관적 평가로 간주하지 않는다. 상대방도 직접적으로 평가받고 있는 것이 아니기 때문에 기분 나쁜 정도가 훨씬 덜 하다는 것이다.

⑨ 상상하여 단정 짓는 것은 금물이다.

상대방에 대해서 무리한 억측으로 단정하고 단죄하는 독심술도 문제려니와 내가 너무 빠른 상상을 통해 속단하는 것도 문제다. 병적으로 고착된 내 성향은 없는가 하는 것을 관찰해볼 수 있다면, 주관적인 판단을 객관화하는 데 많은 도움이 될 것이다.

10

····

트라우마
셀프 치유를 위한 조언

몸과 마음의 상처가 전혀 없는 생명은 살아보지 않고 죽은 생명뿐이다. 삶은 상처를 경험하고 면역 에너지를 키우며 그로부터 교훈을 얻으면서 성숙해져 가는 여정이기 때문이다.

그런데 이 상처로 인한 트라우마가 감당할 수 없을 정도로 크면 약물치료를 통해 안정화 단계에 이르도록 하는 것이 선행되어야 하겠지만, 이러한 특수한 경우를 제외하고는 대부분 상담이나 스스로 자기암시를 통해서 어느 정도 치유되는 경우가 많다. 이런 경우 적절한 자기암시를 생활 속에 적용하는 것은 도우미를 24시간 곁에 두는 것과 같은 효과가 있다.

자신의 아픈 과거를 내가 아닌 타인에게 이야기해서 답답함이 완화되는 효과가 있지만 자기의 숨은 이야기를 아무에게나 털어놓아서는 안 된다. 그것이 약점이 되어 자신의 고통을 재탕 삼탕으로 재생산하는 경우가 허다하기 때문이다. 생각하는 것처럼 인간관계가 그렇게 단순하지 않다.

이미 용서한 가해자라도 그가 간교한 성품인 경우 자신의 필요에 따라 결정적인 순간에 중복으로 가해하는 경우도 필자는 흔하게 보아왔다. 한 때 생겼던 가해자의 미안한 감정도 자기 환경조건이 변하면 얼마든지 변질하여 다시 악마로 변하는 모습을 생생하게 목격했다. 또한 가해자가 아닌 제3자라고 하더라도 내가 솔직하게 드러내 보인 진면목을 함부로 발설하여 또 다른 트라우마를 만들어 나를 힘들게 하는 경우도 많다는 것이 우리가 사는 세상의 진면목이다.

이런 의미에서 보면, 비용을 지불하고 전문의사나 전문상담자의 치유 과정을 밟지 않는 한, 자신의 정신적 아픔을 스스로 줄여 나갈 요령이나 희망적인 자기암시를 할 수 있도록 안내하는 지혜가 더 요긴하다. 이와 관련된 조언을 첨부한다.

첫째, 과거의 사건이 현재의 나를 괴롭히는 트라우마 원인을 살펴볼 필요가 있다.

지금 당장 물리적으로 행사되지 않는데도 불구하고 나를 괴롭히는 주범은 내 머릿속에 떠오르는 기억이다. 그러므로 과거와 현재를 분리해야 한다. 악몽을 꾼 후 잠이 막 깨어나는 순간에도 잠깐 괴로운 것은 꿈과 현실이 내 정신에서 아직 완전히 분리되지 않고 그 잔상이 남아있기 때문이다. 악몽을 꾼 후, "그건 꿈일 뿐이다."라고 자각하면서 빠르게 꿈에서 탈출하듯, "그건 지난 일이다, 기억일 뿐이야." 하는 것을 자각하고 입으로 되뇌어 보라. 우리의 뇌는 생각뿐만 아니라 자신이 하는 혼자 말에도 영향을 받는다.

둘째, 그 상황을 겪으면서도 지금 이 순간까지 생존해온 자기 자신을 셀프 칭찬해 보라.

모진 상황을 극복하지 못하고 삶을 끝낸 사람도 많다. 그런데 나는 지금 이렇게 살아있지 않은가? '그때, 그 상황에서 나는 최선을 다했고, 지금 이렇게 살아있다.'라고 생각하며 기특한 자기 자신에 대해 스스로 칭찬해보라. 이 경우도 역시 생각뿐 아니라 입으로 되뇌이면 같은 효과를 볼 수 있다.

셋째, 상처받은 경험에서 의미를 찾아보자. 그리고 그 교훈을 나의 자산으로 삼아보자.

세상에 의미 없는 고통은 없다. 다만 그것을 발견하지 못할 뿐이다. 상처의 경험이 전혀 없는 사람보다 과거 상처를 딛고 일어선 사람이 훨씬 더 성숙하고 훨씬 더 효능감 있는 멘토가 될 수 있다. 한 세상을 살면서 나와 유사한 고통을 당하는 사람들에게 자기 경험을 통해서 얻은 깨달음으로 진솔한 위안자가 되고, 경우에 합당한 치유의 실마리를 선사하는 멘토가 될 수 있다면 그 얼마나 가치 있는 일이겠는가? 생명을 살리는 사역이기 때문이다. 진정한 멘토는 긍휼히 여기는 마음에서 발현되는 것이며 타자에게 베푼 긍휼은, 자기 자신도 결정적인 그날에 하늘로부터 긍휼의 은총을 받을 근거를 쌓는 일이다.

"긍휼이 여기는 자는 복이 있나니 그들이 긍휼이 여김을 받을 것이다."
(마5:7)

넷째, 행복하기를 원한다면 행복하기로 결심하자. 그리고 말과 행동으로 표현하자.

작은 행복감일지라도 그것을 느낄 때마다 행복하다고 말하고 몸으로 기뻐하며 감탄해야 한다. 그래야 몸과 마음이 행복한 방향으로 길이 난다. '언젠가는 행복하게 되겠지…' 하고 남의 일 보듯 하면, 나에게 찾아온 행복감도 남의 일처럼 훅 지나가고 만다. 나쁜 것만 습관 드는 것이 아니라 좋은 것도 똑같이 익숙하게 되면 길이 난다. 길이 잘 나서 무의식적으로 좋아하고 행동하게 되면 그것 자체가 나의 일부처럼 작동하기 때문에 스스로 그 작동 메커니즘에 영향을 받을 수밖에 없다. 행복감도 스스로 감탄하고 표현하면 우리 뇌는 행복을 강화하는 쪽으로 활성화되기 때문이다.

11
...

추억은 편집된 기억이다

기억(記憶)은 과거에 느꼈던 사실 중에서 자신의 뇌에 저장된 것이다. 그러나 저장된 파일이라고 해서 모든 것이 기억나는 것은 아니다. 그것 중에서 현재에 이미지로 떠올라야 기억인 것이다. 추억(追憶)도 지난날을 돌이켜 생각하는 것 또는 생각나는 일이나 이미지다. 그중에서도 아름답게 미화된 기억을 보통 추억이라고 부른다.

그러길래 기억이나 추억은 어떤 사건이나 만남의 마지막 이미지가 중요하다. 수많은 사건이나 이벤트가 있고, 수많은 시간이 소요된 관계와 사연들이 있어도 그것의 마지막 이미지가 좋으면 아름다운 추억으로 각인되고, 마지막 이미지가 나쁘면 아픈 추억으로 각인되기 십상이다. 그러길래 아름다운 곳에서의 즐거운 순간을 추억하기 위해서 우리는 여행이나 황홀한 순간을 사진으로 남기려 하는 것이 아니겠는가? 그러길래 흥겨운 일도 조금 아쉬울 때 마감하여 마지막의 좋은 느낌을 간직하는 것이 현명하다.

그렇다.

우리가 겪었던 과거의 특정한 사건이나 경험은 모든 순간이 괴롭거나 모든 순간이 즐거운 것은 아니다. 그 속에는 분명히 좋았던 것과 나빴던 것, 황홀했던 것과 역겨웠던 것들이 혼재되어 있다.

이렇게 혼재된 기억파일 중에서 어떤 파일이 활성화되고 재생되느냐에 따라서 더 아픈 추억이 되기도 하고, 더 행복한 추억이 되기도 한다. 지금 눈앞에 실존하지 않으면서도 내게 선택된 기억에 따라 나의 행불행으로 작용한다면, 우리는 당연히 추억의 이미지를 선택할 필요가 있다. 대개 부정적인 이미지가 더 강하게 기억되기 때문에 우리는 긍정적인 이미지의 혜택을 누리지 못한다. 그렇다고 할지라도 우리가 어떤 곳을 자주 걸어가면 익숙한 길이 나듯, 의도적일지라도 좋은 기억을 자주 떠올리고 추억하다 보면 좋은 기억으로 편집되어 똑같은 과거의 사실이 지금의 나를 더 괴롭히는 것을 줄일 수 있다.

만약, 어떤 이와 마지막 만남으로 관계의 끝을 맺는다면, 역시 마지막 이미지가 어떠냐에 따라서 나를 더 괴롭히는 기억이 될 수도 있고, 아픈 과거 속에서도 좋은 이미지로 포장하여 마감해 둘 수도 있는 것이다.

추억은 상대방과 무관하게 나 홀로 독립적으로 하는 것이다. 그렇다면 스스로 아픈 기억을 되새김질하여 지속적으로 자해하며 자신을 괴롭힐 필요가 있겠는가? 어차피 추억은 편집된 기억에 불과한 것인데….

사람은 완벽한 악마도 없고 온전한 천사도 없다. 만약 어떤 이가 지독한 악마로 기억되어 끊임없이 증오하고 있다면 그것은 그에 대한 정보가 그쪽으로 쏠려 있거나 추억이 부정적인 이미지로 편집된 것이다. 그것이 바로 지독한 편견인 것이다. 지금 부정적인 편견의 감옥에 감금되어 있다면 누가 가장 괴롭겠는가?

12
····

사는 게 벅차신가?
형편에 맞게 살아라

송충이는 솔잎을 먹고 누에는 뽕잎을 먹는 것이 가장 형편에 맞는 삶이다. 과욕이나 과신, 허세를 부리지 말고 자신의 특성과 능력과 환경에 맞춰 산다면 불안하거나 크게 잘못된 삶을 살지 않을 확률은 그만큼 늘어난다. 궁극적으로 또 그만큼 마음이 편안하기에 아슬아슬한 줄타기 인생을 살지 않아도 된다.

허세를 부리려고 하면, 헛돈을 써야 하고, 자랑질이나 거짓말을 해야 하고 그것이 지속되면 자기 자신마저 속이게 된다. 그러면서 건강한 삶의 기반이 점점 더 무너진다. 모르면서도 아는 체하다 보면 진정 자신이 무엇을 모르고 있는지조차 알 수 없게 된다. 없으면서도 있는 체하다 보면 자신이 더 공허함의 늪으로 빠지고 있음조차 알 수 없게 된다. 그렇게 되면 자신이 하는 행동이 자신에게 손해가 되고 있음을 자각할 수 없기 때문에 결국 심각한 괴로움에 직면하게 된다.

거짓말을 하면 결국 자신에게 손해가 된다는 사실, 남을 해코지 하면 결국 자신에게 손해가 된다는 사실을 눈치채지 못한다. 눈앞에 보이는 것이 전부인 것으로 착각하기 때문이다. 결국 소탐대실 하면서도 자신이 똑똑하고 현명한 것으로 인식한다. 색을 구분하지 못하는 것이 색맹이고 특정한 색을 구분하지 못하는 것이 색약이다. 멀리 내다보지 못하는 것이 근시안이고 가까운 것을 보지 못하는 것이 원시안이다. 보이지 않고 보여주지 않는 것까지 볼 수 있는 능력이 통찰력이다. 결국 더 많이 보는 만큼, 더 정확히 보는 만큼 현명한 판단을 할 수 있다. 그래서 안목이 능력이고 인격이다.

"너 자신을 알라."라고 말한 철학자 소크라테스의 말이나 "아는 것은 안다 하고 모르는 것은 모른다고 하는 것이 아는 것이다(知之爲知之 不知爲不知 是知也)."라고 말한 공자의 말이나 생각하면 할수록 우리가 자신에 대해 눈을 뜨게 하는 보약이 아닐 수 없다. 곤고한 삶을 살아보지 않고는 도저히 마음에 와닿지 못했던 소중한 가르침이 아닐 수 없다. 평생을 살고도 이것조차 인식조차 못 한 채, 죽음을 맞는 사람도 많다. 경험해 보지 못했기 때문이다. 만약 지금 내가 나락에 떨어진 듯한 삶을 경험한다면, 소중한 것을 깨칠 수 있는 절호의 기회다.

13
····

나만의 루틴을 만들어라

　루틴이란 평상심을 유지하고 최상의 역량을 발휘하기 위해 습관적으로 하는 일련의 행동이나 절차를 말한다. 일상에서 규칙적으로 행하는 일종의 유익한 생활 습관이다.

　우울증을 포함한 대부분의 정신질환이 바로 일상의 루틴이 깨지는 것에서부터 시작되는 경우가 많다. 제때 밥 먹고, 제때 잠자는 규칙적인 생활을 하는 것만으로도 상당 부분 개선이 될 수 있다고 정신과 의사들은 이구동성으로 말한다. 그만큼 일상의 루틴이 건강을 지키는 데 중요하다는 것이다. 불규칙한 천부적 재능보다 평범하지만, 규칙적인 일상의 루틴이 더 지속해서 영향을 미치기 때문이다.

　무라카미 하루키, 스티븐 킹, 김연아 선수와 류현진 선수, 워런 버핏 같은 사람들의 성공비결 중에 빼놓을 수 없는 하나가 자신만의 루틴을 가졌다는 것이다. 그 외에도 우리 주위에 성공한 사업가의 메모하는 습관이나 규칙적인 운동 등 그들만의 루틴이 있음을 우리는 심심찮게 발견할 수 있다. 우리를 지속적으로 움직이게 하는 힘은 작심삼일이 되기 쉬운 결심만으로는 부족하다는 것이다. 의지보다 오래된 습관, 무의식적으로 행동하는 루틴의 힘이 더욱 강력하다는 증거다.

외로운 감정은 주로 밤손님이다. 쓸쓸한 감정은 주로 추운 날 찾아오는 원치 않는 손님이다. 그래서 여름보다 겨울에, 맑은 날보다 흐린 날에, 계절이 바뀌는 환절기 때, 바쁜 대낮보다 고요한 밤중 홀로 있을 때, 외로움이라는 놈이 불쑥불쑥 찾아온다.

그러니 내가 우울한 것은 날씨 탓, 계절 탓, 분위기 탓이 더 크다는 것을 인정하고 환경을 극복하는 루틴을 만들어 실행하는 것도 효과적이다. 심각한 자괴감이 생기는 밤과 마주쳤다면, 그 감정의 흐름을 일단 단절시키기 위해서 3분 스트레칭, 3번 팔굽혀펴기, 3초동안 거울 보면서 미소지으며 셀프 칭찬하기를 권한다. 별것 아닌 것 같지만, 이 같은 동작이 나의 루틴이 되어 지속되면 기대 이상의 효과를 볼 수 있다. 그렇게 한 후, 샤워만 하지 말고 따뜻한 물이 담긴 욕조에 들어가 몸을 이완시킨 후, 잠자리에 드는 루틴을 권해본다.

또한 수면의 질을 향상하기 위해 낮 동안 햇빛을 받으며 규칙적으로 걷는 루틴을 만들고 실행해보라. 허락된다면 가까운 장소에 함께 걷는 동아리를 만들어도 좋을 것이다. 근육감소도 막을 수 있고, 소화작용도 도우며, 비타민 D 생성 촉진과 함께 마음의 힐링도 되니 다목적으로 유익한 루틴이 아닐 수 없다. 한 번에 많은 것을 무리하게 하는 것보다 가벼운 것이라도 규칙적으로 하는 것이 더 중요하다.

잠들기 전, 내일 할 일의 목록을 중요한 순서대로 메모해 놓는 것도 좋은 루틴이다. 메모가 되어 있지 않기 때문에, 내일 할 일을 미리 상상하느라 쉽게 잠들 수 없는 경우보다, 메모를 하면 9분 정도 빨리 잠든다는 연구 결과도 있다. 내일 아침 꼭 일어나야 할 시간에, 혹시 늦잠 들어 못 깰까 봐 걱정하는 대신 모닝콜 알람 장치를 해놓고 마음 편하게 잠드는 것과 같은 효과다.

매일 또는 일주일에 한 번씩 정해진 시간에, 내가 감사해야 할 조건들을 헤아려보는 습관도 참 좋은 루틴이다. 그런데 혼자서 외롭게 사는 입장에서 감사할 일이 뭐가 있겠는가? 하고 반문하고 싶겠지만 절대로 그렇지 않다. 심한 두통이나 치통으로 고통받을 때를 생각하면 안 아픈 것이 감사한 일이고, 소화불량으로 가스 차고 답답할 때를 생각하면 소화 잘되는 평범함이 감사할 일이다.

우리가 느끼는 몸의 중심은 어디인가? 머리도 아니고 가슴도 아니고 우리가 느끼는 몸의 중심은 아픈 곳이다. 발톱 밑에 가시가 박히면 온 신경이 거기에 쏠린다. 코감기가 심하여 호흡하기가 심히 불편할 때는 코가 몸의 중심이고, 목감기가 걸려서 침조차 삼키기 어려울 때면 목구멍이 중심이다. 이쯤 되면 몸의 중심을 느끼지 못하는 평범한 날이 천국이다. 배가 고파봐야 위의 존재를 알 듯, 추운 것을 느껴봐야 따뜻한 옷의 고마움을 헤아린다. 이렇게 감사할 조건들을 내 몸에서 시작해서 밖으로 헤아려보면 고마워해야 할 조건은 무궁무진하다. 혼자 외롭다고 느끼고 있는 내 상태를, 지금 중환자실에서 인공호흡기를 의지해 겨우 생명을 연장하고 있는 환자와 어찌 비교하겠는가?

제 13 장

글을 써라
새로운 세상이
보인다

1
##

글을 쓴다는 것은?

　글을 쓴다는 것은 귀찮은 일 같지만, 다른 동물이 할 수 없는 인간만의 능력인 동시에 특권이다. 그래서 오래전 문자가 만들어지면서부터 사람은 글을 써왔고 그로 인해 지식이 축적되고 문명이 상속될 수 있었다.

　필자가 어느 글에서 읽었던 장 도미니크 보비 이야기를 그대로 소개하면, 프랑스 유명한 패션잡지 편집장인 장 도미니크 보비는 뇌졸중으로 전신마비가 와서 왼쪽 눈꺼풀 하나만 깜박일 수 있는 최악의 상태에서도 글을 썼다. 깜빡이는 횟수에 따라 특정 알파벳 종류를 말하는 것으로 약속하여 옆에 있는 사람이 받아 적도록 한 것이다. 15개월 동안 20만 번 이상 눈을 깜빡여서 글을 써서 만든 책이 바로 영화로도 상영된 『잠수종과 나비』라는 책이다. 잠수종 안에 갇혀 있던 영혼도 육체의 죽음과 동시에 나비가 되어 자유롭게 날아간다는 것이다. 극한의 상태에서도 인간이 글을 쓰는 것은 특권이자 막을 수 없는 인간만의 자유인 것이다.

글을 쓰는 것은 인간의 존엄을 확보해주는 것이며 존재 가치를 실현하는 것이다. 동시에 세계역사를 바꾸고, 인간의 정신이 유산으로 살아남아 역사를 만들어 가는 것이다.

혹한의 시베리아 수용소에서도 글을 썼던 솔제니친, 나치 치하의 아우슈비츠 수용소에 들어갔던 심리학자 빅토르 프랭클 같은 사람도 글을 통해 정신의 자유를 구현했다. 심지어 전쟁터에서도 글이 쓰였기에『누구를 위하여 종을 울리나』같은 대작이 세상에 선을 보일 수 있었다. 그 밖에 마르코 폴로의『동방견문록』도 감옥 안에서 쓰였다고 한다.

춘추시대 사상가 노자도 궁중 생활을 떠나 유랑의 삶을 살 때 여러 가지 부정적 상황을 맞게 되면서 그의 저서『도덕경』의 인간관계론에 대해서 정리할 수 있었다.

이렇게 절망적인 상태에서도 사람들이 글을 쓰는 이유는 무엇일까?

위에서 열거했듯이 글을 쓴다는 것은 부자유한 상태에서, 혹은 외롭고 쓸쓸한 상태에서, 억울하고 참을 수 없는 비통한 상태에서, 영혼이 활동할 수 있는 비상구가 되기 때문이다. 그것은 인간에게 마지막까지 남겨진 자유이며 최후의 권능이다.

그러므로 어떤 상태에서도 글을 쓸 수 있는 한, 그 사람은 살아 있다는 방증이다.

2
...

글을 쓰면 출구가 보인다

무기력증은 갑작스러운 삶의 변화나 밀어닥치는 도전을 극복하고자 하는 노력이 아무 소용이 없다고 느낄 때 자포자기 하는 정신작용이다. 무기력증을 '번아웃증후군'이라고도 하는데 온몸에 힘이 없고 아무것도 할 의욕이 없으며 회의감 피로감 무력감이 동반되는 증세로 심리적인 요소가 크게 작용하여 정신뿐만 아니라 육체적으로도 넉 다운된 상태를 말한다. "어차피 해 봤자 안 되는데 그걸 왜 해?"라는 부정적 사고 속에 함몰되는 것이다.

정신과 육체가 동시에 고갈되는 것은 에너지의 근원이 같은 에너지로부터 나오기 때문이다. 따라서 마음이 무력해지면 조금씩 음식 섭취를 통해 영양공급을 하거나, 햇볕을 쬐면서 비타민을 보충하거나, 운동을 해서 활력을 회복해 주어야 한다. 에너지가 완전히 방전되어 자가 충전이 불가능한 상태라면 당연히 병원 진료와 약물치료를 먼저 한 다음에 심리적인 안정과 치유를 하는 것이 순서일 것이다.

내가 어떤 행동이나 노력을 한다고 해도 세상이 바뀌지 않고, 상황이 개선되지 않는다는 생각이 들 때 무기력에 빠진다. 마치 열심히 기도한다고 해도 바뀌는 게 없다고 판단되면 기도할 의욕과 의미를 상실하는 것과 마찬가지라고 하겠다.

그러나 물리적인 세상은 내가 바꿀 수 없다고 해도 세상을 바라보는 관점을 수정하면 무기력이 회복될 수 있다. 동일한 상황에서 어떤 이는 긍정적인 사고를 하여 힘을 얻고, 어떤 이는 부정적인 사고를 하여 힘을 잃는 것은 세상을 바라보는 관점에 따라 에너지가 분명히 다르게 작용하기 때문이다.

우리가 인식하는 팩트는 객관적이고 우리가 해석하는 의미는 주관적이라고 흔히 말들을 하지만, 엄밀히 이 세상에 백 프로 객관은 없다. 우리의 지능과 안목이 완벽하지 않기 때문이다.

따라서 우리가 미처 바라보지 못했던 희망적인 요소들, 불만이 아니라 감사의 조건들을 구체적으로 적어보면서 편향되었던 내 관점조정의 실마리를 찾아보는 것은 매우 바람직한 행동이라고 하겠다.

글을 쓰는 동안 혼란했던 내 생각들이 정리되면서 더 차분하게 현실을 진단할 수 있기 때문에 혼란스러운 동굴에서 보다 용이하게 빠져나올 수 있다. 글을 쓰는 가운데 나의 사고패턴이 더 건강하게 질서를 잡아가면서 정신도 맑아진다. 내면의 불만과 욕구를 남에게 해를 끼치지 않으면서 해소하는 효과도 있다.

자신을 노예 상태 그대로 방치해 둔 채, 자유롭기를 바라는 것은 어불성설이다. 중·노년으로 접어든 사람들이 우울감에 빠지기 쉬운 것은, 어느 정도 그들의 목적이 달성된 이후, 흘러가야 할 바를 찾지 못했기 때문이다. 그러기에 그들이 바라볼 지평을 확대해야 한다. 이전의 나 보다 더욱 고양된 자신을 만들기 위한 나만의 방법을 찾아야 한다.

명상이나 글쓰기, 서예, 악기연주 등 무엇이든 자신의 취향에 맞으면 너무 걱정만 하지 말고 실행에 옮겨보라. 미국 코넬대학교 사회학 교수 칼 필레머(K. Pilemer)는 그의 '인류 유산 프로젝트' 연구에서 65세 이상 1,500명 이상을 대상으로 인터뷰했다. "지난날의 삶을 되돌아 봤을 때 가장 후회하는 점이 무엇인가?"라는 질문이었다. 그에 대한 대부분의 답변은 사업 실패가 아니라 "너무 걱정하며 살지 말 걸 그랬다."라는 것이었다. 자신을 의도적으로라도 고민의 속박 속에서 벗어나게 하라. 용기 있는 선택이 나의 미래를 자유롭게 바꾸는 지름길이다.

3
...

글쓰기는 나를 바꾸고
만나는 사람을 바꾸고
내 운명을 바꾼다

회사원은 기안과 협조전이라는 제목으로 글을 쓰고, 기자는 기사라는 이름으로 글을 쓰며 극작가는 시나리오라는 이름으로 글을 쓴다. 시인은 시로, 소설가는 소설로 글을 쓴다. 그냥 말로만 할 수 있는 일은 거의 없다. 말이 글로 정리되어야 세상에 선을 보이고 평가를 받을 수 있기 때문이다. 때로는 세상에 평가를 필요로하지 않는 나만의 글을 쓸 때도 있다. 일기도 그렇고 콕 집어서 장르를 정할 수 없는 나만의 독백의 글을 쓸 수도 있다.

이때는 형식이 내 글을 구속하지 않아도 좋다. 그냥 글을 쓰는 가운데 점차 글의 제목을 생각하게 되고, 그 제목이 내 글의 일관성을 끌어내기도 한다. 글을 쓰는 동안 내 안에서 맴돌며 방황하던 영혼의 소리가 어느 순간 세상에 화려하게 연출되기도 한다. 그래서 자신의 글에 자신이 감동

되는 때도 있다. 이것이 글의 창조 기능이고 감동기능이다.

뜻밖에 엉뚱한 곳에서 나타나는 공감의 언어 한마디가 어느 상품광고에 대박을 터뜨리는 경우도 볼 수 있다. 예컨대 '집 나간 며느리도 돌아오게 하는 가을 전어'라는 한마디의 광고문은 그동안 가시 많고 먹을 것 없는 전어의 몸값을 금값으로 만들어 버렸다. 몇 소절의 감동 어린 대중가요의 가사가 그 노래를 대박 나게도 한다. 이것이 바로 글의 창조 능력이고 감동 능력이다. 남에게가 아니더라도 최소한 자기 자신에게 암시가 되고 길잡이가 되는 글이 나올 수도 있다. 글을 쓰다 보면 누구에게 보이기 위한 것이 아니라 나에 대한 진지한 물음과 답을 찾아 나서게 하는 것도 곧 글의 효능이다. 글쓰기를 처음 시작할 때는 두서없는 일기 쓰기도 좋다. 그렇게 쓰인 자기 글을 다시 읽고 생각해보면서 글 쓸 당시의 내 감정 상태를 객관적으로 진단해 보는 효과도 있다. 그런 과정을 통해 내 감정도 정리되고 순화되면서 중구난방으로 흩어진 내 생각들을 논리적으로 전개할 수 있는 능력이 생긴다. 처음부터 글을 잘 쓰는 천재는 없다. 읽고 쓰고 사유하는 가운데서 나만의 언어가 창조되고 그런 과정에서 창조의 기쁨과 희열을 느낄 수 있는 것이다.

예컨대 억울한 내 사정 이야기를 재판장에게 전하려고 해도, 두서없이 중언부언하는 이야기를 단번에 알아듣고 공감해서 내 편이 되어주는 판사는 없다. 길지 않으면서도 재판에 중요한 내용을 빠뜨리지 않고 논리적으로 나타내야 내가 원하는 판결에 접근할 수 있는 것이다. 그래서 이 분야에도 전문가의 조력이 필요하고 연습이 필요하다. 전문가가 되는 길은 따로 있지 않다. 그 분야의 책과 글을 많이 읽고 쓰는 가운데 언어의 연금술사가 되고 변론의 달인이 되는 것이다.

그러니 글을 쓰기 위해서 독서하라. 읽기와 쓰기는 따로가 아니다. 어떤 글을 쓰겠다고 생각하면서 관련된 책을 읽게 되면 평소 그냥 흘려보내 버렸던 내용과 표현이 보물처럼 내 눈에 보인다. 이렇게 목적이 이끄는 독서를 기획 독서라고 한다. 이렇게 읽고 쓸 수 있는 능력을 인간이 부여받았다는 것은 대단한 축복이다. 단세포적인 사유에서 신의 사유체계로 업그레이드 할 수 있는 유일한 통로이기 때문이다. 사유의 패턴이 높고 깊은 만큼 문제에 대한 수용 능력이 향상된다. 갈등보다 그것을 담는 용량이 더 클 때 그 갈등은 더 이상 문젯거리가 아니라 게임이다. 삶의 묘미를 더해주고 더욱 풍요롭게 만드는 게임 말이다.

4
...

글을 잘 쓰려면
기획 독서를 하라

글을 어떻게 잘 쓸 수 있을까?

평소 쓰지 않던 글을 처음 써보려고 하면 대부분 막연할 수 있다. 몇 번 시도하다가 포기하기 쉽다. 그래서 필자가 경험한 글 쓰는 요령을 소개하고자 한다.

처음에 글을 쓰는 방법은, 우선 남의 글을 읽는 것이고, 읽은 글 중에서 중요한 의미와 나만의 해석을 메모하는 것이다. 독서하되 막연하게 하는 것 보다는 자기만의 고유한 영역을 선택해서 그 방향으로 집중하며 읽는 것이다. 앞에서 언급한 기획 독서를 하는 것이다. 특정한 방향으로 기획하고 독서를 하는 사람은 자신이 가고자 하는 방향에 안테나가 작동하고 있기 때문에 그와 관련된 신문 기사나 뉴스, 생활 속에서 발견되는 이치나 법칙 등이 보석처럼 포착되는 능력이 생긴다. 책을 읽는 중에 금과옥조 같은 내용이 신기할 정도로 눈에 쏙쏙 들어온다. 그것들이 쌓이면 자신만의 전문 지식이 되고, 바로 그렇게 걸어가는 것이 그 방향의 전문 가가 되는 길이다. 삶 가운데 느끼는 보람과 뿌듯함은 뜬구름이 아니라 지금 여기 작은 일상에서 보물을 캐내는 것이기 때문이다.

책을 많이 읽게 되면 문장력을 익히는 것은 기본이고, 어느 주제를 특 정하여 이야기를 전개해 나아가는 과정속에서 관련된 재료나 사례들이 고구마 줄기처럼 떠오르기도 한다. 그러기에 일상에서 생각이 떠오를 때 마다 중요단어 즉 키워드를 메모해 놓으면 글을 쓸 때 유용한 소재로 활 용할 수 있어 더욱 풍성한 글을 쓸 수 있다.

맨 처음에 글을 잘 쓰기 위한 첫걸음은 "그냥 써!"이다. '잘'이라는 단어 를 빼 버리고 "그냥 써!"이다. 처음부터 수영을 잘하려고 하면 어깨에 힘 이 들어가서 오히려 잘하지 못한다. 어깨에 힘을 빼는 것에서부터 수영은 시작된다. 글쓰기에서 '잘'이라는 것과 수영에서 '힘 빼는 것'과 같은 이치 라 하겠다. 어차피 칼럼이나 시나 책이나 시나리오를 쓸 때, 최초로 써 내 려간 것을 작품으로 내보내는 일은 없다. 처음에 허접하고 난잡했던 글 도 퇴고하는 과정에서 채우고 비우고 보태고 빼는 과정을 거치면서 점차 모양을 갖추어 가는 것이기 때문이다. 그래서 주옥같은 작품의 글은 퇴 고하는 과정을 얼마나 고뇌하며 반복했느냐 하는 것에 좌우된다. 이렇게 읽고 쓰는 과정을 반복하다 보면 어느새 향상된 자신의 실력을 보면서 '이것이 진정 내가 쓴 글 맞는가?' 할 정도로 놀라운 경지에 이른 자신을 발견하는 때가 반드시 온다.

지금 극도의 곤고한 상황에 부닥쳐 있다면 이제는 바닥을 치고 올라올 때다. 내리막길 다음에는 올라갈 길만이 기다리고 있기 때문이다. 용기를 내어라. 글을 읽고 쓰면서 나의 용량을 키워라. 현재 처한 곤고한 상황이 뜻밖에도 나를 세우고 내 삶을 보람으로 인도하는 새로운 전기가 될 수도 있는 것이다.

5

...

시 또는 시조를 써보라

가공된 이야기인 소설과 다르게 시는 무엇보다 진실성이 요구되는 문학 장르다. 그러기에 나의 속마음을 거짓 없이 표현한다는 점에서 아픈 마음을 치유하는 데 도움이 된다. 정신과 의사가 정신 치료를 위해 환자를 만났을 때 가장 많이 하는 것이 들어주는 것이다. 실컷 눈물 흘리며 우는 것이나, 마음 터놓고 답답한 속내를 진솔하게 이야기하는 자체가 심리학적 치료 효과가 있다는 것은 이미 입증된 내용이다.

아픈 마음의 정점에서 한 행 한 행 임팩트를 넣어서 시를 쓰게 되면 응어리가 풀리고 스트레스가 해소되는 기분을 느낄 수 있다. 그런 가운데서도 내 주관적인 생각이나 신념이 세상에 유익하고 긍정적인 작품으로 승화되어 표현 될 때는 자존감에도 좋은 영향을 받을 수 있다. 고정된 틀을 넘어서 하늘과 소통되는 자유함을 느낄 때 우울함이 해소되는 효과도 있다.

정원에 봄 꽃은 피어나는데~/ 幸傳

"이 나이 먹도록 세상을 잘 모르나 보다
진심을 다해도 나에게 상처를 주네
이 나이 먹도록 사람을 잘 모르나 보다
사람은 보여도 마음은 보이지 않네~"

새삼,
평소 잘 모르던 노래 가사가
내 가슴을 후벼 파며 절임 질을 한다.

정원엔 봄꽃이 화사이 피어나는데
왜 내 맘엔 가을 꽃이 피는 거야
철없는 가슴에는 철모르는 꽃이 피는가 보다

쭉 뻗은 고속도로보다 굽이도는 신장로길이,
평탄한 인생보다 굴곡진 인생이,
더 묘미가 있다고들 하지만
그건 드라이브할 때나 하는 말이지
그건 추억얘기 할 때나 하는 말이지.

세월에게 감히 묻노라~

공들이며 애태우며 쌓아온 삶의 탑이

순간에 무위(無位)가 되는 것이라면

왜 그런 탑을 쌓으라고 그리도 밀어 붙였니?

세월은 역시 아무 말이 없구나~

그렇게 무책임하게 대답도 못할 거라면

차라리 세월아 빨리 흘러가거라~

세월의 시계는 고장 없는 것이 차라리 다행이다~

묘미라는 미묘한 말로 더 이상 속이지 마라.

앞으로도 세월에게 그렇게 속을 거라면

차라리 무위(無爲)로 돌아가는 것이

아무래도 바른 길인 것 같다.

아직도 내 가슴은 철없는 정원인가?

정원에 봄 꽃은 피어나는데~

"저녁이 서둘러 어두운 날"/ 佳人

저녁이 서둘러 어두운 날

바람보다 먼저 그 사람

내 가슴에 분다.

가슴 어디에 두어도 미운정 고운정으로 절여오는 그 사람,

거역할 수 없던 생생한 지난날의 기억을 묶어

언제나 분주히 추억을 부조한 뒤엔

오늘이 아닌 것으로 슬퍼하지 않기 위해서

하얀 쪽지로 곱게 접어

어제와 오늘 사이에 살포시 끼워 둔다.

곁에 있는 것만으론 더 이상

사랑이 힘겨울 땐 이별도 한 가지 방편,

눈물 감추며 헤어져 아픈 추억으로 장식되었지만

수척한 이마 저녁 窓(창)에 기대면

지상(地上)의 불빛들은 이젠 서럽지 않다.

저녁은 서둘러 어둡고

침침한 내 영혼의 뒷뜨락에 바람이 분다.

빛 바랜 깃발처럼 펄럭이며

내 안에 홀로 젓국이 된 곰삭은 사랑이

잊혀지지 않는 것들의 상심을 위로한다.

내 몸 어디에 두어도 가슴이 절여오는 그 사람,

바람보다 먼저 그 사람

내 가슴에 분다.

앞의 시는 봄꽃을 보면서도 쓸쓸한 가을꽃을 느낄 수밖에 없는 나의 심정을 글로써 표현한 것이고, 뒤의 시는 한국 문단 탁월한 실력의 시인 중 한 분인 가인(佳人)님의 시를 본인 동의를 구하여 일부 개사해서 읊어 본 것이다.

문학을 통한 치료 효과도 점차 긍정적으로 인정되고 있다. 그러기에 시는 소통이 전제되어야 하고, 카타르시스 기능이 있어야 한다. 그뿐만 아니라 절망을 넘어 현실을 초월할 수 있어야 한다. 그러한 전제를 염두에 두고 시를 계속해서 쓰다 보면 어느 순간, 혜안이 열리고 깨달음을 얻게 되는 경우가 종종 있다.

시는 표준 문법의 틀에 얽매이지 않고 마음의 언어, 영혼의 언어를 장애 없이 교환하면서 문법에 갇힌 언어 공간을 자유자재로 넘나들게 한다. 대화로 표현할 수 없는 자신의 감정을 자신만의 정서로 적절하게 표현할 수 있다는 점에서 긍정적으로 추천할 수 있다. 상대에게 전해지지 않을 것을 전제로 쓰는, 한풀이 편지라 할지라도 응축된 감정의 폭발압력을 서서히 이완시켜주는 효과가 있을진대, 문학의 통로를 통해 승화되어 표현되는 시가 어찌 감정의 치유와 억울함의 해소 효과가 없겠는가?

시조 형식의 글도 우리의 마음을 농축시켜 풀어내는 데 아주 좋은 문학 장르다. 형식에 맞추어 초장 중장 종장으로 이어지는 동안 함축된 내 마음이 적절하게 안배되고, 마지막 종장에서 클라이맥스처럼 풀어내면서 생각과 신념이 멋지게 표현될 때는 짜릿한 느낌마저 느낄 수 있다. 기가 막힌 스트레스 해소법이다.

역사 이래로 좋은 글은 평범하지 않은 상황에서 써졌다. 아픔을 딛고 찬란한 작품이 탄생하였다. 그러기에 막막한 상황에서 글을 쓴다는 것은 사방이 우겨 쌓임을 당한 상태에서 하늘문을 여는 것이다.

시나 시조가 아니라도 좋다. 어떤 종류의 글을 쓴다고 해도 글을 쓰다 보면 어느새 격했던 감정이 진정되고 생각이 다듬어지면서 질서가 잡힌다. 다듬어진 내 글이 내 말을 바꾸고, 태도를 바꾸고, 내가 만나는 사람들까지 바꿔준다. 궁극적으로는 내 인생을 바꿔주는 것이다.

또한 글을 쓴다는 것은 무엇보다도 인생을 두 번 사는 효과가 있다. 경험하는 당시에 한 번, 그 경험을 글로 쓰면서 또 한 번 의미를 발견할 수 있기 때문이다. 사람이 다른 동물과 구별되는 특징 중의 하나가 의미와 가치를 추구한다는 것이다. 순간순간은 몰라도 장기적인 관점에서 인간은 의미와 가치를 상실하면 못 견뎌 한다. 그러나 내가 사는 목적이 의미와 가치에 부합된다고 느끼는 사람은 어떠한 난관 속에서도 자기 삶을 절대로 포기하지 않는다. 의미와 가치가 삶을 이끌어주는 강력한 동인이 되기 때문이다.

제 14 장

원한의 벽을
넘어서

1
..

억울한 여한(餘恨)을
어떻게 풀지?

　함께 살다가 싱글이 되었건, 혹은 처음부터 싱글로 살아가든 간에 우리가 바라는 대로만 세상이 굴러가지는 않는다. 삶과 죽음이 한 덩어리인 것처럼, 기쁨과 슬픔, 희망과 절망 역시 함께 한 묶음으로 동행하면서 우리의 삶에 갈등으로 작용한다.

　우리는 이러한 갈등을 경험하지 않고 살아갈 수는 없다. 이해가 충돌되는 현상 속에서는 배타적일 수밖에 없는 물리법칙과 자기중심적일 수밖에 없는 심리 법칙의 지배를 받기 때문이다.

　그 법칙 속에서 너무도 불공정하고 억울하다고 판단되는 나의 사건이 정당한 평가나 해명 없이 묻혀버리거나 또는 노년기에 안타까웠던 일이 많았던 과거의 삶을 다시 돌이켜 만회할 수 있는 기회가 없다는 사실 앞에서 우리는 절망할 수밖에 없다.

　왜 내게 이런 일이 일어났는가? 왜 내 팔자가 이렇게 기구한가? 에 대한 타당한 이유가 설명되지 않을 때, 심리적 소화불량에 걸리고 그것이 쌓이면 여한(餘恨)이 된다. 나의 억울함이 정당하게 평가 또는 보상되지 않는다거나 한이 풀리지 않은 상태에서 삶을 마감한다는 것이 얼마나 답답한 일인가?

우리의 삶 속에서 실수하거나 안타까웠던 일들의 원인은 상대의 잘못이 분명한 것도 있고, 나의 잘못이 분명한 것도 있다고 판단하지만, 이것 역시 나의 주관적 판단이다. 그리고 그 사건 역시 단독적인 것이 아니라, 연속된 삶의 흐름 속에서 어떤 원인의 영향을 받아서 나타난 종속적인 결과들이며 그 결과는 또 다른 미래 사건의 원인이 되고 있다.

여기에서 종교의 궁극적 역할을 발견할 수 있다.
인간 심리학적 분석만으로는 완벽한 한풀이에 한계가 있기 때문이다.

현실 삶에서 나에게만 특혜성 복을 구하는 것은 미성숙한 구복 신앙이라고 할 수 있지만 풀리지 않은 한을 풀고 삶을 홀가분하게 마감할 수 있도록 하는 혜안을 얻는 것은 성숙한 신앙이고 종교의 궁극적 목적이라고 해도 과언이 아니다.
왜냐하면 우리의 갈등 속에는 너의 잘못도 아니고, 나의 잘못도 아니고 모두가 피해자일 수밖에 없는 일들이 비일비재하기 때문이다. '마른하늘에 날벼락'같은 우리들의 슬픈 사건들을 원인도 모르고, 흐름도 모르고, 향배도 모르는 채 공포 속에 유기되면서 이 땅에서 나의 삶이 마감된다는 것은 질서법칙과 의미 속에서 운행되는 이 세상과는 어울리지 않는다. 그래서 정상적인 노년기의 삶은 여한이 없이, 불안함이 없이, 그리고 당하는 죽음이 아니라 맞이하는 죽음을 직면하기 위한 최종 마무리를 하기 위해 너무도 중요한 시기이다. 전통적으로도 애매하게 돌아가신 영혼들을 달래기 위해 살아있는 사람들이 한풀이 행사를 하는 것도 맺혔던 한을 푸는 것이 얼마나 중요한 것인가를 공통으로 인식하고 있었다는 방증이다. 그러기에 한이 풀리지 않은 영혼은 가야 할 곳을 가지 못하고 구천을 떠돈다고까지 말하는 것 아니겠는가?

그렇다면 살아생전에 우리의 한(恨)은 어떻게 풀릴 수 있는가?

불가에서는 우리의 무명(無明)에서 비롯된 어리석음 때문에 현상을 있는 그대로 보지 못하고, 앞뒤가 뒤바뀐 상태로 꿈꾸는 것과 같은 인생을 산다고 한다. 크고 작은 것도, 깨끗하고 더러운 것도, 억울하고 분한 것도 꿈속 같은 환영에서 깨어나면 원래 없다는 것으로 설명하면서 문제 자체를 소멸하여 열반이라는 이름으로 이해시키고 있다.

한편, 기독교 신앙은 다른 차원에서 접근하고 있다.
우리의 지나간 객관적 사건을 되돌려 바꿀 수는 없다. 그러나 지난 사건과 역사에 대한 우리의 주관적 의미는 바뀔 수 있다. 지난 사건이 현재에까지 기쁨과 고통을 주는 것은 사건 자체가 아니라 그 사건에 대한 해석과 의미의 작용이다. 부정적 심리로 한을 더해갈 수도 있고, 긍정적 심리로 한을 풀어갈 수도 있다. 이해가 안 되면 더 억울하고 이해가 되면 덜 억울할 수 있다. 나에게 닥쳐온 억울한 사건과 고통에 대한 의미가 분명해질 때 나의 응어리로 남아있는 한은 풀릴 수 있다.

예수의 제자들이 그의 스승에게 물었다. 날 때부터 장애인(소경)으로 태어난 저 사람은 본인의 죄 때문인가? 아니면 부모의 죄 때문인가? 라는 질문이었다. 그 당시 지배적인 사고는 이러한 질병이나 나병, 또는 혈우병까지 벌과 저주의 현상으로 인식되고 있던 때다. 나면서부터 자기 행위나 의지와 관계없는 이 장애를, 인과의 법칙으로 설명한다는 것은 인간의 언어와 인간의 이성으로는 답을 찾을 수 없다.

그에 대한 예수의 대답은 다음과 같았다.

"이 사람이나 그 부모의 죄로 인한 것이 아니라 그에게서 하나님이 하시는 일을 나타내고자 하심이라(요3:9)"

세상에서 도무지 이해할 수 없이 애매하게 장애인이 된 억울한 사건에 대한 원인과 의미를 사람이 아닌 제3의 존재자, 즉 절대자에게서 찾는다. 우리의 삶 속에서 발견되는 모순과 갈등과 한을 절대자에게서 해답을 찾는 것이 기독교의 신앙원리다.

우리 삶의 궁극적 의미는 '너와 나'라는 인간관계에서만 찾을 수 없기에 내 존재 의미를 찾기 위해서는 나를 이 땅에 보낸 절대자의 뜻을 아는 게 필요하다는 것이다. 그래야 지금까지의 쌓인 한이 풀리고 미래에 대한 불확실성을 해소할 수 있다는 것이다.

억울하게 무너져가는 삶 속에서 반전을 이룬 대표적인 이야기가 있다. 성경 속에 나오는 요셉 이야기다. 형들에게 미움을 받고 애굽으로 팔려 간 야곱이 온갖 시련 속에서 애굽(에집트) 국무총리가 되어 결국 자신을 팔아버렸던 형들과 부모를 구하는 그의 인생 이야기다.

인간적으로 억울하고 복수심을 불러일으킬 수 있는 상황에서 자신의 고난의 의미를 절대자의 뜻에서 찾았기에, 그동안 시련을 극복할 수 있는 원초적 힘을 잃지 않았으며, 두려워 떨고 있는 형들 앞에서 참으로 위대한 용서를 선언할 수 있었다.

"당신들(형제)이 나를 이곳에 팔았다고 해서 근심하지 마소서, 한탄하지 마소서. 하나님이 생명을 구원하시려고 나를 당신들보다 먼저 보내셨나이다(창45:5)"

요셉이 타국 땅 애굽으로 팔려 가서 고생한 사건의 주관적 의미가 긍정적 심리로 작용한 대표적 사례다. 이처럼 긍정적 심리작용의 토대가 될 수 있는 신앙의 진수가 아직도 존재하고 있기에, 종교행태 속에서 온갖 추한 인간적 모습과 악취가 끊이지 않음에도 불구하고 지금까지 이어져 오고 있다. 긍정적 심리가 부정적 심리보다 더 크게 작용하기 때문이라고 믿는다.

2

...

자기 운명을
남이 정한 잣대로 재단하지 마라

모든 생명의 자아실현은 자기 속에 있는 잠재력을 최대한 발휘하는 것이다. 계란 속에는 닭의 모습이 보이지 않지만, 여건이 숙성되면 닭으로 변신하고, 앵두씨에는 앵두 모습이 보이지 않지만, 땅에서 조건이 갖춰지면 앵두나무로 자라나며 또 앵두 열매를 맺는다. 보이지 않는 잠재력이 작용했기 때문이다.

문제는 모든 계란이 닭이 되지 않으며, 모든 앵두씨가 열매를 맺지 않는다는 것이다. 동일한 잠재력이라 할지라도 주어진 환경조건에 따라서 자신의 자아실현 모습은 달라질 수 있다는 것이다. 가령, 콩을 땅에 심고 햇빛을 받게 하면 콩 열매가 달리지만, 햇빛이 없는 곳에서 물만 계속 주게 되면, 콩이 아니라 콩나물로 자라게 된다. 콩이건 콩나물이건 주어진 조건 속에서 스스로가 가장 적합한 자기실현을 이루어 가는 것이 위대한 생명의 능력이다.

햇빛이 없이 물만 공급받는 곳에 있다고 해서 "콩이 안 될 바에는 죽음을 택하겠다."라며 고집부리지 않는다. 그러기에 콩은 콩대로, 콩나물은 콩나물대로 그 유용한 목적을 다양하게 이루면서 이 세상을 풍요롭게 만드는 것이다.

더 나아가 같은 콩이라고 하더라도, 용도에 따라 두부도 되고, 된장도 될 수 있다. 모두가 유전인자와 환경요인에 따라서 가장 적합하도록 자기실현을 하는 것이 분명하다. 이를 두고 누가 동일한 잣대로 남의 자기실현 모습을 비판할 수 있겠는가?

벌이 다녀간 꽃은 열매와 씨를 맺지만, 수정되지 않은 꽃은 나름대로 더 오랫동안 꽃의 아름다움을 연출한다. 그 자체가 주어진 조건 속에서 최선을 다해 최적의 자아실현을 하는 것이다.

우리 인간의 삶도 넓은 의미에서 볼 때 이 땅에서 여건에 따라 최적화하는 방향으로 스스로 자기실현을 하면 되는 것이다. 가톨릭 신부와 수녀, 불교의 스님은 결혼생활을 하지 않지만 그들의 삶은 얼마든지 숭고하게 꽃피울 수 있다. 가정 형편상 부부가 외국에서 일정 기간 떨어져서 살아도 다른 동물과 다르게 인간은 가정을 유지할 수 있다.

그렇다면 본래부터 싱글로 살아왔거나 형편과 사정에 따라서 싱글족이 되었거나 상관없이 유연하게 자신을 지켜내는 것이야말로 주어진 환경을 멋지게 살아내는 것이다. 남을 나와 똑같이 되라고 강요할 필요도 없고, 또 강요당할 필요도 없다. 각자가 다른 생명인데 어찌 마스터키 같은 정답이 있겠는가? 주어지는 조건 속에서 최선을 다하는 것이 곧 자신만의 아름다움을 피워내는 것이며 하늘의 뜻에 순명하는 것이다.

유한한 인생 무대에서 주연이건 조연이건 상관이 없다. 연극이 끝나고 무대에서 내려와 연출자를 만나게 되면, 각자의 배역을 얼마나 당당하게 표현했느냐 하는 것만 남기 때문이다.

언제, 어느 때, 어떠한 조건이 우리 앞에 기다리고 있다고 하더라도 당당하게 맞아라.

밀려오는 파도를 막을 수는 없지만, 그 파도를 즐길 수는 있다.

3
...

'행복 불감증'과
'불행 과민증'

선입견으로 덧칠된 이미지는 '행복 불감증' 환자를 만들고, 과잉 기대치로 상대를 시험하는 올무의 덫은 '불행 과민증' 환자를 만든다.

'불행한 사람의 병은 행복이 없어서가 아니고 그걸 느끼지 못하는 데서 오는 행복불감증에서 오는 것이다'라는 말은 국민 의사 이시형 박사가 그의 저서 『자신 있게 사는 여성』에서 한 말이다.

그렇다. 특정 사람에 대해서 '그(녀)는 그런 사람', '그(녀)는 저런 사람'이라고 단정 지어 부정적 이름표를 붙여 놓으면, 그 선입견 이미지가 지금 눈앞에 있는 당사자에게 '부정적 그 사람 이미지'로 덧칠을 해 버리기 때문에 '지금 긍정적 실존의 모습'을 있는 그대로 볼 수 없게 된다. 스스로 '행복불감증(幸福不感症)' 환자가 되어버렸기 때문이다. 미각을 잃어버린 사람에게 눈앞에 있는 산해진미가 무슨 소용이 있겠는가?

또한 특정한 사람에 대해서, '그(녀)는 이래야 한다', '그(녀)는 저래야 한다'라고 하는 율법 같은 기대의 덫을 깔아 놓고 기다린다면, 그 덫에 안 걸릴 사람은 거의 없다. 기대하는 절대적 기준이 나를 '불행과민증(不幸過敏症)' 환자로 만들어 버렸기 때문이다. 강력한 조미료 맛을 상상하고 집착하는 사람에게 실존하는 자연 그대로의 참 맛이 느껴질 수 있겠는가?

그렇다. 행복의 분량은 차이에서 오는 것이 아니고, 자족의 비결에서 나온다고 했다. 편견의 잣대, 선입견의 잣대는 나의 행복을 가둬버리는 덫으로 작용하기 때문이다.

남에게 보여줄 삶의 잣대도 만들지 말고, 나에게 맞춰줄 절대적인 편견의 잣대도 만들지 말자. 행복은 잣대로 재는 것이 아니라 있는 그대로의 고유한 맛을 느낄 수 있는 감수성에서 나오기 때문이다.

4
...

순금 없듯
온전한 인생 없다

마이크로소프트 창업자 빌 게이츠는 인생 자체가 불공정한 경쟁이기 때문에 그것에 익숙해지는 것이 우리가 할 수 있는 유일한 길이라고 한다.

살아있는 세상은 끊임없이 움직인다. 한쪽이 기울면 균형을 찾아 움직이고 지극히 불공정하면 공정을 찾아 움직인다. 기울어진 운동장을 정상으로 회복하고 져 하는 기본적인 성향은 인간 심리나 자연 섭리나 마찬가지다. 불완전함이 반복되고 그것을 완전케 하고자 하는 작용이 지속될 때, 거기서 희로애락이 생기고 온갖 의미가 창출된다. 그것이 삶의 묘미다. 그런 의미에서 볼 때 인생은 불완전함을 소재로 하는 드라마와 같다. 다큐멘터리가 아닌 이상 처음부터 갈등이 전혀 없는 드라마를 무슨 재미로 시청하겠는가?

고기압과 저기압이 없다면 공기와 바닷물이 순환되지 않는다. 바람도 전혀 불지 않고 완벽하게 균형 잡힌 상태에서 전혀 움직임이 없는 호수는 결국 썩는다. 그 속에 생명이 자랄 수 없다.

완벽한 인생은 없다.

완벽을 추구하면 오히려 완벽함에서 더 멀어질 수 있다는 아이러니가 실존 원리다. 인간을 포함한 세상 자체가 완벽하지 않기 때문이다. 원래가 그러한 세상인데도 불구하고 지나치게 강박적으로 완벽을 추구하는 삶이 어떤 결말을 보게 되는지 마음에 와닿는 사례 이야기를 무천강 저자의 책 『하버드 지혜 수업』에서 인용하여 소개한다.

어느 조각가는 어떤 일에든 완벽해야 한다고 생각했다. 그래서 그가 완성한 조각상은 누가 진짜 사람이고 어느 것이 조각인지 구분하지 못할 정도로 감탄을 자아냈다. 그런데 어느 날 조각가에게 죽음의 신이 찾아와 그의 인생이 얼마 남지 않았다고 말했다. 조각가는 오랫동안 고심 끝에 자기와 똑같은 조각상 11개를 만들었다. 그리고 죽음의 신이 찾아와 문을 두드릴 때 자기가 만든 그 조각상 사이에 몸을 숨겼다. 결국 죽음의 신은 조각가를 데려가지 못했다. 그 후 천상에 갔다가 다시 돌아온 사신은 조각가 방에 들어와 외쳤다.

"이 조각상은 완벽하게 보이지만 여기에 약간의 결함이 있구나!" 그러자 완벽을 추구하는 조각가는 뛰쳐나와서 따졌다. "아니, 결점이 어디 있다고?" 그러자 죽음의 신은 말했다. "너무 완벽하다는 것이 결점이다. 이제 가자, 죽을 때가 되었다."

내 삶이 다른 사람들과 다른 양태라고 해서 잘못된 삶이라고 규정해서는 안 된다. 역사적으로 우리 인간의 삶의 모습은 환경에 적응하기 위해서 그때마다 변해왔다. 수렵시대와 농경시대가 다르고, 석기시대와 철기시대가 달랐다. 전시와 평시의 삶이 달라야 했고, 수명이 짧았던 시대와 장수시대의 삶은 역시 같을 수 없는 것이 자연스럽다.

자동차 브레이크에도 유격이 있어야 더 안전하듯, 우리의 삶에도 빈틈이 있어야 더 유연할 수 있다. 이 땅에서 한 번뿐인 삶을 너무 강박 속에서 스스로 묶이지 말자. 완벽을 추구하는 어리석은 조각가처럼 내 완벽을 증명하려고 애쓰지도 말자. 작은 체면을 얻기 위해 더 귀중한 것을 잃는다.

부족해 보이는 내 모습을 그때마다 변명하려고 에너지를 낭비하지 말자. 그리고 내 작은 결함을 완전하게 은폐하려고 몸부림칠 필요도 없다. 본래 완벽하지 않은 인생이기에 누구에게나 결함은 있다. 다만 종류가 다를 뿐이다. 내 결함과 내 장점을 있는 그대로 받아들이고 있는 그대로 구현하자.

그것이야말로 나에게 있는 고유한 잠재력을 실현하는 나만의 길 아니겠는가?

5
...

죽음과 시간을 기억하라

우리의 삶을 위해 주어진 것 중에 가장 중요한 것이 시간이다. 그 시간은 금수저 흙수저가 따로 없이 공평하다. 희로애락의 조건이나 인간관계도 주어진 시간 속에서만 유효하다. 나의 시간이 사라지면 나와 관련된 모든 것이 실체가 없는 기억에 불과하고, 짧은 기간의 관계 맺음에 불과했던 것이니 말이다.

주어진 인생 시간은 누구나 출발선부터 줄어만 가는 것이기에, 태어나는 순간부터 우리는 죽음을 향해 쉬지 않고 달려가는 편도 마라톤 순례길에 있다. 그리고 그 죽음은 누구에게나 갑작스러운 죽음이다. 아이러니하게도 우리는 대부분의 순간을 영원히 살 것 같은 착각 속에 있기 때문에 갑작스러운 것이라고 느낀다.

팔십 년 살고 죽던, 일 년 만에 죽던 모두가 그 순간에는 갑작스러운 죽음으로 생각되지만, 어느 죽음이든 이상할 것이 전혀 없는 죽음이다. 기간에 관계없이 모두가 죽도록 설계된 삶이기 때문이다. 이렇듯 시간이 모든 것을 덮기에 이 세상은 아직도 돌아갈 수 있는 물리적 여백이 있어, 오고 오는 생명이 살아갈 터전이 마련된다.

우리는 이토록 소중한 시간을, 금보다 명예보다 못한 것으로 여기며 스스로 속고 살기 때문에, 갑작스러운 죽음에 직면하게 되며, '맞이하는 죽음'이 아니라 '당하는 죽음' 앞에서 혼란스러워한다.

억울한 관계나 사정들을 한꺼번에 삼켜버릴 수 있는 장엄한 시간의 무게를 느껴보라.

외롭거나 괴로운 감정에 함몰되지 말로, 주어진 '지금'을 어떻게 사용할지를 생각해 보라.

지금을 떠난 실존은 가짜다.

제 15 장

고뇌의 강을
건너서

1
##

내가 사는 것인가?
살아지고 있는 것인가?

우리는 나 자신이 '살아가고 있다'고 생각하고 있지만, 그것은 완전한 착각이다. 결론부터 말하면, '내가 사는 것'이 아니라 보이지 않는 손(The Invisible Hand)에 의해서 '살아지고 있는 것'이다.

우리가 곤하게 잠을 자는 동안에도 심장은 한순간도 쉬지 않고 야근한다. 혈액은 순환되고 영양은 공급되며 노폐물은 배출될 준비를 한다. 폐도 마찬가지다. 공기를 들이쉬고 내쉬기를 반복하면서 유용한 산소를 보충하고 유해한 탄소를 배출한다. 모든 신경과 장기들이 서로 균형과 조화를 유지하면서 이 생명 활동에 참여한다. 우리가 먹은 음식은 시키지 않아도 저절로 소화된다.

심지어 낮 활동 중에 엉키고 풀어지지 않았던 생각의 찌꺼기들을 꿈이라는 메커니즘을 통해서 정리하고, 새롭게 살아갈 정신적 공간을 '리 세팅' 해준다. 이것은 내 의지로 사는 것이 아니라, 나의 생사가 그 누군가에게 '내어 맡겨지고 있는 것'이라는 것을 단적으로 증명해 준다.

이 대목에서 우리에게 익숙한 성경 구절을 다시금 묵상해 본다.

"너희 중에 누가 염려함으로 그 키를 한자라도 더할 수 있겠느냐?(마 6:27)" 우리가 아무리 걱정한다고 해도 우리 목숨을 하루라도 더 연장할 수 없음을 알 수 있는 대목이다.

"내일 일은 내일이 걱정한다(마6:34)"라는 것은 오늘 걱정할 것을 내일로 미루어 내가 걱정하라는 말이 아니다. 내일의 운영 주체가 되는 그분이 책임지고 할 일이라는 것이다.

방금 속보뉴스가 귀에 들어왔다. 선거운동을 하던 일본의 아베가 저격당하고 심장 활동이 정지되었다는 것이다. 잠시 후, 다른 방송에서는 사망이라고 보도하고 있다. 저절로 작동되어야 할 심장이 멈추는 그 순간, 곧바로 이른바 '살아지던 것'이 끝난 것이다. 이렇듯, 우리는 내가 산다고 착각하고 있지만, 보이지 않는 별개의 생명력에 의해서 살려지고 있는 것이다.

우리의 인식 영역을 더 확대해 보자.

생물이 호흡하며 살아지도록 하는 모든 것은 예외 없이 보이지 않는 이 우주 전체의 '생명의 장' 영역 속에 있다. 그것은 생명의 제1 원인이면서 발현생명(發現生命)의 근거가 되는 원 생명(原生命)이다. 이를 사람들은 신 (God), 진리, 불성 등의 이름을 붙여서 개념화하고 있다.

가톨릭에서 하는 관상기도나 개신교에서 하는 영성 훈련이나 불가에서 하는 수행 정진이나 공히, 이 '원 생명'과 합일함을 통하여, 망상의 고통으로부터 해방되고, 오염된 영혼을 세탁하여 천부의 자유함을 누리고자 하는 활동이라고 볼 수 있다. 거울에 붙어있는 때와 오염을 거울 자체와 분리해야 원래 거울을 볼 수 있기 때문이다.

이렇듯, 내 의지와 상관없이도 내가 살아지도록 하는 그 무엇인가의 원리와 작용이 있다. 그것은 개체의 생명 원리뿐만 아니라 무생물의 물리법칙과 연결된 우주 전체의 '생명 베이스'다. 그는 유기체만을 관장하는 반쪽짜리 신이 아니기 때문이다. 이 장엄한 생명 활동과 관련하여, 우리가 하는 역할은 삶을 유지하는데 일부 보조 역할을 할 뿐이다. 그런데도 우리는 내가 다 하는 것이라고 착각하고, 내 의지의 발현이라고 스스로 속고 있다. 그러니 스스로 속고 있으면서도 정작 속는 줄 모르는 삶이 얼마나 고달프겠는가?

우리 삶의 대부분이 저절로 살아지는 생명 작용이라면, 우리는 너무 많은 걱정을 끌어안고 있지 말아야 한다. 그것은 부분이 전체를 걱정하는 것이고, 꼬리를 잡고 몸통을 흔드는 무모함이다. 신(원생명)에 대한 월권행위다.

이런 상황에서 싱글족이면 어떻고 아니면 어떤가? 그에 대한 차별인식이 무슨 대수가 되겠는가? 우리의 본향인 '생명 베이스' 즉 '원 생명 활동'을 바라보면서, 또 나 자신이 인간으로 발현되기 이전, 원생명에 연결된 하나라는 정체성을 자부하면서, 고집부리지 말고, 갈등과 고뇌의 강을 가볍게 건너갈 수 있기를 소망한다. 가는 길이 좀 더러우면 어떻고 좀 못생겼으면 어떤가? 여기가 영원히 거할 불변의 종착역도 아닌데….

2
...

진인사 관천명(盡人事 觀天命) 하리라

기대도 하지 않고, 원망도 하지 않고

그저 그냥 바라보리라.

하늘은 내게 말로 강요하지 않고 눈으로 바라보고 있는데,

아직도

무위(無爲) 하늘언어를 유위(有爲) 사람말로 가두고 있구나.

의미를 부여하여 나를 묶었고

해석을 강요하여 너를 묶었 나니,

인간사 갈등 원흉은 당위(當爲)로 몰고가는 바로 '나'였구나.

아직도

허상을 좇아 스스로 자유를 묶고 있구나.

'어린아이와 같지 아니하면 결단코 천국에 들어가지 못하리라'

순수하게 놀고 있는 어린아이가 의미를 해석하며 놀던가?

순간을 감탄하는 어린아이가 자신(ego)을 의식하며 하던가?

'나'와 '너'를 구분할 필요조차 없이

오롯이 경계선 없는 충만함 속에서만 하늘과 한 몸을 이룰 수 있음 이
렸다.

오지 않을 사람 기다리는 것이나, 주지 않을 것 바라는 것이나,

취하고자 하는 마음이 괴로움의 씨앗인 것을!

하늘도 '먼저 그의 나라와 그의 의를 구하라'했으니

'진인사 대천명(盡人事 待天命)하며 기대하기보다는

'진인사 관천명(盡人事 觀天命)하며 그저 그냥 바라보리라.

하늘과 하나된 자유를 지금 누리기 위하여~

：

에필로그

싱글 시대가
현실로 다가오는 세상

아무리 금실이 좋은 부부라도 같은 날에 죽음을 맞을 확률은 거의 없다. 게다가 120세까지도 살 수 있는 장수 시대이기에 노후에 홀로 살아야 할 시간과 확률이 그만큼 더 늘어났다. 서울시 자료에 따르면 2020년 서울에서 갈라선 부부 16,282쌍 중에, 30년 이상 함께 살았던 황혼이혼이 3,360쌍이라는 쓸쓸한 통계가 있다. 20년 전에는 전체이혼의 2.8%였던 것이 거의 열 배 가까이 늘어난 것이다. 일본도 마찬가지다. '나리타의 이별'이라는 용어가 있다. 처음에는 신혼여행에서 돌아온 부부가 나리타공항에서 내리자마자 이혼한다는 얘기였다. 젊은 층의 이혼 풍조를 꼬집던 이 말의 용도가 2000년대 들어와서 바뀌었다. 노부부가 막내의 결혼식을 치르고 공항에서 신혼여행을 떠나보낸 뒤에 헤어진다는 것이다. 이제 '나리타의 이별'은 일찍 노령화사회로 접어든 일본에서 급증하고 있는 노년 이혼을 가리키는 상징어가 되어버린 것이다.

사정은 다양하지만, 어찌 되었든 간에 사별, 이혼, 졸혼, 미혼, 별거 등이 가면 갈수록 눈에 띄게 늘어나고 있다. 전통적인 가치로써 가정을 지켜내기가 예전보다 점점 더 버거운 젊은이들의 현실적인 생각은, 연애는 필수, 결혼은 선택이라고 쉽게 결단하게 했다. 최근 젊은 청년들이 앞으로 결혼하겠다는 의견이 50%, 결혼해도 출산하지 않겠다는 의견이 50% 이상이라는 앙케트 조사보고도 있다. 인구는 줄어드는데 독신가구의 비율은 늘어나고 있는 것이다.

한국통계청 자료에 따르면 2019년 1인 가구 비율은 30%이며, 2045년이 되면 36%로 늘어날 것으로 추정하고 있다. 2019년 기준 스웨덴의 1인 가구 비율은 40%다. 그뿐만 아니라 50세 전후까지 결혼한 적이 없는 생애 미혼 비율 추정이 2025년에 남자 20.7%, 여자 12.5%, 2035년 추정치는 남자 30%, 여자 20%를 보인다.

결혼한 경우라도 부딪히는 난제들을 참고 인내하며 가정을 지켜내던 옛 시대의 모습은 현격히 사라졌다. 그렇다고 그들을 탓할 수만도 없는 노릇이다. 주관적으로 보면, 문명의 발달로 편리함은 늘어났지만, 삶이 비교적 단순했던 구세대보다 수백 배 더 복잡해진 이 시대를 살아가는 청소년들이 정신적으로는 더 힘들 수 있기 때문이다. 정규직이 되는 것과 내 집 마련하기가 로또복권 당첨되는 것만큼이나 어려워진 이 시대에, 생존을 위한 그들 나름의 전략과 선택을 그 누가 함부로 비난할 수 있겠는가?

남녀 공히 가정 이외의 사회생활을 하는 기회가 늘어나면서, 개인의 본성적 삶의 가치가 공동체의 삶의 문제보다 더 크게 대두되었다. 극단적으로 예컨대, 요즘 MZ세대는 기성세대와 별개의 인류인 것이다. 마치 이 시대를 사는 우리가 조선시대 조상들과 모양은 같을지라도 가치관이나 정신의 작동상태가 현저히 다른 인류인 것처럼 말이다. 삶의 의미와 재미와 방법과 가치를 고정된 각도가 아니라 유연하고 다양한 시각으로 해석하며 행동해야 할 시대가 코로나 팬데믹이 지구촌을 뒤덮은 이후에 더욱 신속하게 도래한 것이다.

문제는 우리가 원하는 바가 아닐지라도, 모여 살던 세상에서 독신으로 살아가는 삶의 형태로 급격하게 세상이 바뀔 때, 우리의 전통적 가치나 인식만으로는 예상치 못했던 여러 가지 고통을 감내하기 어렵다는 것이다. 대표적인 것이 외로움과 낯섦과 단절감이고, 그런 상황에 부닥치게 되면서 억울함, 배신감, 분노, 좌절, 타인의 곱지 않은 시선, 자존심에 대한 상처, 열등감, 수치심, 삶에 대한 회의, 불면증, 공황장애 우울증 등 수많은 애로사항까지 줄지어 나타난다. 이러한 장애 요소들을 어떻게 이해하며 어떻게 극복할 것인가? 필자는 경험자로서 또 상담자로서 체험된 실상을 바탕으로, 변화된 삶에 대한 새로운 이해의 지평을 제시한다. 이것이 현재 싱글족 혹은 예비 싱글족에게 가벼운 상비 백신이나 해열제 같은 역할을 할 수 있다면, 내게는 더할 나위 없는 기쁨과 보람이 될 것으로 믿는다.